PRINCIPES

DE

COMPÉTENCE ET DE JURIDICTION

ADMINISTRATIVES.

TOULOUSE, IMPRIMERIE D'AUG. HENAULT.

PRINCIPES

DE

COMPÉTENCE ET DE JURIDICTION

ADMINISTRATIVES,

PAR

CHAUVEAU ADOLPHE,

AVOCAT A LA COUR ROYALE,

Professeur de Droit Administratif à la Faculté de Toulouse.

TOME I.

PARIS,

COTILLON, Libraire, rue des Grès, 16.
DURAND, Libraire, rue des Grès, 3.

Chez les Éditeurs, MM.

1841.

A Monsieur

MARTIN, DU NORD,

HOMMAGE

De Reconnaissance et de respectueux
Devouement.

Chauveau Adolphe.

Toulouse, 25 Mai 1840.

1

AVERTISSEMENT.

———

Dans mon livre, j'ai dû m'occuper de ce qui est, non de ce qui devrait être.

La critique et les vues d'améliorations ébranlent la foi due aux principes, surtout lorsque ces principes sont encore l'objet de vives controverses.

Cependant, je n'ai pu résister au désir d'exprimer, dans une introduction, ma pensée sur l'organisation administrative et sur les attaques incessantes dont elle est l'objet.

Je vais examiner, après quelques réflexions préliminaires :

1° La nécessité de la séparation des pouvoirs *administratif* et *judiciaire* ;

2° La constitutionnalité et la légalité de la juridiction administrative ;

3° La nécessité de cette juridiction ;

4° Les propositions de loi sur le conseil d'état soumises aux chambres depuis 1830 ;

5° Le langage administratif ;

6° La législation administrative ;

7° La jurisprudence administrative.

J'indiquerai le plan de mon ouvrage et les motifs qui m'ont déterminé à suivre ce plan.

La lecture de certains paragraphes de mon introduction me paraît utile à ceux qui tiendront à comprendre mes principes de compétence.

INTRODUCTION.

I. RÉFLEXIONS PRÉLIMINAIRES.

> La monarchie constitutionnelle ne peut exister en
> France qu'autant que l'action du *pouvoir exécutif*
> sera dans ses développements *une*, *libre*, *énergique*.
> M. de Cormenin, *Du Conseil d'État*, p. 72,
> éd. de 1818.

> Ceux qui aiment le plus la liberté sérieuse et déve-
> loppée, sont ceux qui aiment le plus aussi un pouvoir
> régulier et fort.
> M. de Cormenin, Préf. de ses *Questions*, p. 16,
> éd. de 1837.

« La législation administrative n'est guère qu'un
entassement incohérent d'articles où tout est
mêlé, ce qui est principe et ce qui est de règlement, ce qui est transitoire et ce qui est définitif, ce qui est des choses et ce qui est des personnes. La plupart de ces lois nées parmi les im-
puretés de nos troubles, ont péri sans abolition
formelle et par leur propre infamie. Elles se

II

commentent sans s'expliquer, elles se contredisent sans s'abroger, elles se rapportent sans se suppléer. Le bulletin où elles sont pêle-mêle engouffrées est comme un vaste arsenal qui fournit des armes à tous les partis, à tous les intérêts, à tous les sophismes. Enfin l'application de ces lois est d'autant plus difficile qu'elles sont saturées de principes politiques qui ont sans cesse changé, et que le but qu'elles se proposent d'atteindre a été continuellement déplacé ou même renversé par le triomphe et la défaite de tous les systèmes de gouvernement (1). »

Ce langage de l'homme éminent qui a créé, pour ainsi dire, la science administrative, a jeté un profond découragement dans l'étude du droit administratif; ce savant publiciste a signalé le danger sans indiquer le remède, lui dont la science en théorie et en pratique pouvait seule rendre à cette partie importante de notre législation, l'ordre d'ensemble et l'harmonie de détail.

Ce langage, il faut bien le reconnaître, était dangereux et exagéré.

_____

(1) M. DE CORMENIN, Préf. de ses *Quest. de droit*, page x.

Dangereux, car il écartait du temple les jeunes adeptes qui reculaient devant une initiation presqu'impossible ;

Exagéré, parce que la législation administrative existe, vit, et se meut en dehors des principes politiques.

Tous les auteurs ont répété, après M. de Cormenin, que les lois étaient saturées de principes politiques, et que la plupart de ces lois périssaient par leur propre infamie (1).

Par respect pour notre législation, qu'on me permette de donner un démenti formel à ces imprudentes paroles.

Rien n'est plus clair, rien n'est moins infame que la législation *sur les mines*, *sur les desséchements de marais*, *sur la voirie*, *sur les eaux*, *sur les travaux publics*, *sur la police municipale*, *etc.*, *etc.*; c'est réellement là le droit administratif.

Je ne parle pas des lois politiques qui se

_____

(1) MM. Foucard, *Préface*, p. 3 ; Dalloz aîné, t. 3, p. 160, etc., etc.

sont succédé, qui ont été modifiées, changées
avec les divers gouvernements que la France
a essayés depuis quarante ans. Et, cette législation politique elle-même peut ne pas convenir à
certains esprits, mais elle est simple, claire à saisir, facile à appliquer.

Où est donc le chaos?...

Avant la rédaction des codes immortels de l'empire, disait-on que nos lois de droit écrit et de
pays coutumier étaient un chaos qu'il fallait vouer
au mépris?

Non; *Pothier*, *Domat* écrivaient. Leurs travaux
qui ont fécondé l'avenir, révélaient la vénération
de ces modestes et savants jurisconsultes pour la
législation de leur pays; ils écrivaient pour faciliter l'étude du droit; à peine s'ils méditaient
une codification.

A Rome, au siècle d'or de la jurisprudence,
celui qui voulait apprendre la science du droit
ne devait-il pas consumer plusieurs années à
étudier les sources de ce droit, dont les plus
belles, les plus logiques étaient ces inimitables
responsa prudentium, les rescrits des princes, les

édits des préteurs, les commentaires de *Gaius*, d'*Ulpien*, de *Paul*, de *Papinien* le prince des jurisconsultes?

Dans les états modernes où n'a pas encore été adopté le principe de la codification, jette-t-on au milieu des populations alarmées sur leurs droits, indécises sur leurs devoirs, cette désespérante pensée que leur législation n'est qu'un chaos, *rudis indigestaque moles?*

Pourquoi donc en France ce découragement; et surtout cet esprit de dénigrement contre une partie importante de notre législation? Elle est digne d'être offerte comme modèle aux peuples voisins, qui, plus sages, plus penseurs que nous, nous empruntent avec empressement ce que nous dédaignons sans l'avoir étudié.

Nos esprits depuis quarante ans sont façonnés à une législation codifiée. L'étude de toute partie non codifiée paraît hérissée de difficultés.

Sans entrer dans cette grave question de savoir si ou non le droit administratif, si mobile parce qu'il doit l'être, pourrait supporter complète-ment une codification législative, je dirai que le

droit administratif est susceptible de revêtir l'état
de science, de marcher avec ses théories, ses
principes incontestables, et d'apparaître à tous
aussi simple, plus simple que les autres parties de
la législation. Populariser cette pensée si contraire
à celle généralement répandue, serait déjà peut-
être avoir rendu un service à la science du publiciste, de l'économiste, et de l'administrateur.
Nous ne sommes plus au temps où le droit devait
être un mystère. Le droit administratif perd de
sa puissance, de son autorité, à être connu d'un
petit nombre d'initiés; c'est à tous qu'il s'adresse,
c'est par tous qu'il doit être étudié.

Ami du progrès, je ne suis pas de l'avis de
ceux qui abjurent le passé de leur pays. Avant
de condamner une législation adoptée et organisée par un homme de génie, j'hésite, je sus-
pens mon jugement; ma conviction ne cédera
qu'à l'impossibilité de découvrir la lumière au
milieu de ce qu'on est convenu d'appeler d'é-
paisses ténèbres.

Dût le mérite de mon ouvrage diminuer de
beaucoup, j'avouerai que je n'ai pas eu à dé-
brouiller le chaos.

Ce serait, au dire de certains auteurs, un travail héroïque (1).

Il eût été téméraire à moi de l'entreprendre.

On est parti de cette fausse idée, qu'au milieu du désordre on ne retrouvait le contentieux administratif que dans quelques parcelles de lois et dans une jurisprudence arbitraire et incertaine.

J'ai toujours pensé, au contraire, que le contentieux administratif résultait de principes positifs, nécessaires, intimement liés au maintien de l'organisation sociale et politique, et que les lois dans lesquelles on croit ne découvrir que des dis-

---

(1) « Il appartient au gouvernement d'ajouter une belle page » à notre droit public en codifiant et en harmonisant, selon » l'esprit de nos nouvelles institutions, toutes les dispositions si » éparses, si incertaines, si contradictoires sur la compétence » des diverses juridictions.

» Quel plus grand et plus beau travail peut illustrer une admi- » nistration !

» Le Code de compétence des juridictions françaises n'est-il » pas le complément indispensable qu'attendent et qu'appellent » nos autres Codes. » Article de M. Victor Foucher, dans la Revue de M. Wolowsky, t. 1er, p. 35.

positions exceptionnelles sont la consécration de ces principes (1).

Les écrivains dont je repousse les doctrines ressemblent à ces athées qui, attribuant tout au hasard, ne voient dans l'œuvre admirable du Créateur que le chaos sous une autre forme, les bizarres effets de cet heureux hasard. Méconnaissant la pensée de l'assemblée constituante et du grand administrateur du 19.ᵉ siècle, Napoléon, plus grand encore par son génie civil que par son talent de capitaine, ces écrivains attribuent aux besoins du moment, au désir d'empiétement, les dispositions qui sont la conséquence nécessaire des principes établis, et qui s'harmonisent avec l'ensemble de l'édifice social.

C'est donc en procédant dans un sens entièrement opposé à celui qu'ont préféré depuis vingt-cinq ans nos publicistes, que je suis arrivé à une conséquence toute contraire;

Utilité, force, nécessité de l'institution.

Parfaite, elle ne serait pas humaine; *perfectible,* je le reconnais.

---

(1) Voy. *infrà* mon § *De la nécessité du Contentieux administratif;* et mon chapitre *Du Contentieux* dans l'ouvrage lui-même.

II. DE LA SÉPARATION DES POUVOIRS ADMINIS-
TRATIF ET JUDICIAIRE.

> En réglant les compétences avec netteté , on évite
> les procès , les conflits , les retards et suspensions
> de service , et les pertes d'argent.
>
> M. DE CORMENIN, t. 1ᵉʳ, p. 4o5, *Questions* ,
> 4ᵉ édition.

Au milieu de cette multiplicité de lois, d'ordonnances et d'arrêts que le devoir de la science
est de synthétiser pour faciliter l'étude de l'homme
de pratique, il existe une pensée d'ordre. La
compétence administrative, quoique multiple, est
simple ; elle s'encadre facilement dans des principes qui, une fois admis, éclairent de leur vive
lumière l'ensemble du droit administratif.

Cette compétence dérive du pouvoir exécutif. Le pouvoir exécutif en est la source, *fons,
origo.*

J'admets la division tripartite qu'enseigne le
célèbre *Rossi* :

> *Pouvoir législatif,*
>
> *Pouvoir exécutif,*
>
> *Pouvoir judiciaire.*

Mais je m'attache, comme à une vérité fondamentale, à cet autre principe posé par l'assemblée
constituante, à ce principe nécessaire à tous les
gouvernements :

> *L'autorité administrative et l'autorité judiciaire
> sont indépendantes l'une de l'autre* (1).

Ce principe a traversé, sans périr, les tourmen-
tes révolutionnaires ; il a été créé sous la monarchie de 1789, il a été développé sous l'empire, il
est resté debout sous la restauration et depuis la
révolution de juillet.

Quel est, en France, de tous les principes d'ordre, celui qui peut revendiquer une aussi ancienne,
une aussi respectable origine, une aussi constante,
une aussi vivace persistance ?

---

(1) Loi du 24 août 1790.

Le pouvoir administratif, l'autorité administrative, c'est le *pouvoir exécutif.*

Il y a donc eu proclamation d'indépendance
réciproque entre ces deux grands pouvoirs, le
pouvoir exécutif, et le *pouvoir judiciaire.* L'é-
quilibre de la société le voulait ainsi, l'exigeait
impérieusement sous peine de mort du corps
social.

Qu'il n'y ait jamais eu abus et empiétement du
pouvoir exécutif sur le pouvoir judiciaire : le soutenir, serait mentir à l'histoire. L'abus est inhérent à toute institution humaine (1).

Le pouvoir exécutif n'a-t-il pas empiété sur le
pouvoir législatif lui-même ?

Qu'importe l'abus ? L'abus, c'est l'exception.

---

(1) Comment l'abus n'aurait-il pas existé sous le règne d'un
homme qui a abusé de tout, même de la gloire ; qui deux fois a
mandé devant son conseil d'état les tribunaux qui lui paraissaient
trop indépendants ; qui a fait casser par ce même conseil une
décision souveraine d'acquittement d'un jury, et qui enfin avait
rétabli par son décret du 3 mars 1810 *les lettres de cachet et les
prisons d'état* (*)!!...

(*) Duvergier, t. 17, p. 53.

L'abus ne touche pas au principe. Si le principe est respecté, est maintenu, l'abus disparaîtra (1).

Si depuis vingt ans la législation administrative est restée stationnaire, si les hommes les plus instruits n'osent même pas s'intéresser à la plus faible partie de l'organisation de la justice administrative, c'est que depuis vingt ans le principe fondamental de la séparation des pouvoirs a été constamment méconnu, et que des publicistes du plus haut mérite ont attaqué dans leurs écrits, à la tribune, la légalité, la constitutionnalité de l'ordre administratif. Le pouvoir exécutif, inquiet sur son existence, n'a combattu que pour sa conservation : *l'abus*, personne ne s'en est préoccupé.

Que le principe de la séparation des pouvoirs soit enfin reconnu comme un de nos principes

---

(1) M. DE CORMENIN va même plus loin : « Dirai-je qu'il n'y » avait pas abus? non : parce qu'il s'en glisse toujours, même » parmi les institutions humaines les mieux ordonnées. Mais les » détracteurs de l'ancien conseil n'ont vu que le principe du droit » civil; ils auraient dû lever les yeux plus haut; ils auraient » compris que le premier besoin d'un gouvernement, quel qu'il » soit, est celui de se conserver, et que les abus mêmes sont » SOUVENT DES NÉCESSITÉS, si on les rapporte au principe poli- » tique. » (Éd. de 1818, page 10.)

constitutionnels les plus essentiels, le boulevard
même de nos libertés ;

Que le pouvoir exécutif puisse, avec cette force
que lui avait imprimée Napoléon, se mouvoir
sans entrave dans cette vaste arène appelée *l'administration ;* qu'il puisse distribuer avec cette
promptitude, cette mesure, cette discrétion qui
doivent le distinguer, une justice tantôt gracieuse,
tantôt contentieuse ; « que l'action du pouvoir
» exécutif enfin, comme le désire M. de Corme-
» nin (1), soit dans ses développements, *une,*
» *libre, énergique.* »

Et les garanties se multiplieront ; tous les amis
des principes conservateurs de 1789 élèveront la
voix..... on obtiendra.....

Craint-on les empiétements du pouvoir exécutif sur le pouvoir judiciaire ? Qu'on me cite
ceux qui auraient eu lieu depuis 1830.

Je pourrais indiquer de nombreux envahissements, même des envahissements du pouvoir légis-

(1) Pag. 72, éd. de 1818. *Le bien général est la première loi;
l'administration doit, avant tout, prendre les mesures pour
qu'il ne soit pas compromis.* (Garnier, *Régime des eaux*, t. 2,
p. 167, nº 570.)

latif et du pouvoir judiciaire. Les tribunaux civils ont été investis du droit de juger des questions électorales par appel d'une décision d'un préfet(1).

On a déclaré, dans la loi de 1833, que les grands travaux de routes, de canalisation, etc., seraient ordonnés par le pouvoir législatif; que les tribunaux judiciaires auraient le droit d'examiner si l'administration avait accompli toutes les formalités. Aussi, dans la discussion de cette loi, on a entendu MM. MAUGUIN, TESTE, BAUDE, PARANT, s'élever avec énergie contre des principes qui méconnaissaient, selon eux, le dogme fondamental de la séparation des pouvoirs.

Un de ces honorables députés, M. MAUGUIN, fut tellement frappé de la mesquinerie de la discussion, qu'il s'écria : « Que faisons-nous en par» lant toujours de l'intérêt individuel et de localité?

_____

(1) Innovation malheureuse ! Gardons-nous bien d'introduire la politique dans le sanctuaire de la justice ordinaire. Qu'au moment suprême des révolutions, il reste au moins debout, pure, intacte, vierge de soupçons, LA JUSTICE. Pense-t-on que la cour suprême eût traversé 1793, si sa mission n'eût pas été toute civile?.... Pour donner des garanties à certains droits, il ne faut pas compromettre l'avenir de l'institution la plus respectable et la plus nécessaire.

» Nous faisons du patriotisme de village. Il faut
» cependant que l'intérêt privé ne puisse pas pré-
» valoir contre l'intérêt général : l'intérêt général,
» celui de la France, voilà ce qui doit nous occu-
» per ! La France, voilà ce que nous devons voir !
» Gardons-nous, par trop de respect pour l'intérêt
» individuel, de compromettre des travaux qui
» intéresseraient toute la France (1). »

Bien pensé, et bien dit ; en France, on se préoccupe beaucoup, par un égoïste individualisme,
de la liberté, du bien-être, et même de la satisfaction de chacun ; mais veiller à l'intérêt de tous,
à la grandeur, à l'élévation, à la force, à la prospérité du pays, c'est être homme du pouvoir (2).
Avec les mille bouches de la presse souvent sen-
tinelle perdue ; avec la liberté d'imprimer tout ce
qui est bon, tout ce qui est mauvais, tout ce qui
est vrai, tout ce qui est faux ; avec la parole libre
et retentissante des tribunes parlementaires, on
ne doit pas craindre les empiétements du pouvoir
exécutif, à moins qu'il ne s'agisse d'empiétement
d'un maire de village, qui n'a point dans sa com-

(1) M. GILLON, de l'Expropriation, p. 43.
(2) CHACUN, est égoïste ; et TOUS, est souvent un ingrat.
(ORTOLAN, Biographie de M. Dupin, p. 212.)

mune de presse satirique à redouter, et qui se
croit un petit souverain, parce qu'il est l'élu du
peuple.....

Écoutons les enseignements d'un homme qui
n'est pas habitué à flatter le pouvoir, de M. de
Cormenin (1) :

» Prenons-y garde, et ayons la bonne foi d'en
» convenir : ce n'est pas aujourd'hui du côté de
» la couronne que vient le danger : elle n'asser-
» virait les chambres que si elle pouvait leur
» ôter la parole : tant qu'elles parleront, les cham-
» bres seront toujours assez puissantes et la na-
» tion toujours assez avertie. »

Les gouvernements, les sociétés ont à suivre
pour leur conservation, pour leur administration,
un autre ordre d'idées, de principes, de règles
que ne l'exige l'intérêt des communes et des particuliers.

Cette organisation sociale dont on a vu, à des
époques d'énergie populaire, resserrer les liens,
pour leur donner la puissance d'une vapeur com-
primée, cette organisation, en temps de paix, doit

_____

(1) P. 53, éd. de 1818.

être établie sur des bases assez solides pour résister en temps de guerre.

Les moyens qu'un décret de la convention appela *révolutionnaires*, témoignaient de la fièvre passagère qui tourmentait la société; cette secousse violente révélait l'impuissance, la faiblesse des institutions existantes.

Les principes proclamés par l'assemblée constituante avaient besoin de puiser une force vitale dans les conceptions organisatrices de l'empire. En 93, ces principes étaient encore trop faibles pour contenir les éléments de l'ancien ordre de choses qui s'agitaient avec la turbulence d'ambitions déçues; ils manquaient de moyens d'exécution. Leur sagesse fut méconnue...

Mais, pour vivre, se mouvoir, résister aux tempêtes du dehors et de l'intérieur, maintenir la liberté politique, l'égalité civile et l'unité nationale, le pouvoir qui les méconnut, sacrifia-t-il une partie de son action au pouvoir judiciaire? Non; il absorba tout,

Pouvoir législatif,

Pouvoir exécutif,

Pouvoir judiciaire!..

Que ce soit donc au moins une leçon d'avenir. Souffrons patiemment encore qu'une longue expérience ait permis d'apprécier les bienfaits d'un système administratif qui déjà a eu une existence si agitée, et qui, dans l'espace d'un demi-siècle, n'a pas pu, sans contestation, exercer assez long-temps son utile influence...

III. DE LA CONSTITUTIONNALITÉ ET DE LA LÉGA-LITÉ DES TRIBUNAUX ADMINISTRATIFS.

> Dans la vérité, le conseil d'état n'est point par lui-même un pouvoir public, ce n'est que l'instrument d'un des pouvoirs publics définis par la charte.
>
> M. le Comte PORTALIS , *Rapport à la Chambre des pairs sur la loi d'organisation du Conseil d'état, p. 2.*

Je vais parler du reproche le plus grave qui ait été formulé contre l'existence de la juridiction administrative, sa prétendue *inconstitutionnalité* , ou tout au moins son *illégalité* (1).

Vingt années se sont écoulées depuis qu'on a soulevé cette question à laquelle les préoccupations politiques ont attaché un intérêt gouvernemental;

---

(1) Cette partie de mon introduction était donnée à l'impression, lorsque j'ai reçu le rapport de M. Dalloz fait à la chambre des députés. J'examinerai ce rapport et les innovations qu'il propose dans mon paragraphe suivant.

et comme toutes les matières traitées à travers ce prisme trompeur qui met le langage de la passion à la place de la réalité, cette question est devenue de plus en plus difficile à résoudre.

Je pourrais écrire un volume consacré tout entier à l'exposition des doctrines longuement développées par les plumes les plus habiles. J'affaiblirais la force des raisonnements que chacun pourra lire (1).

---

(1) M. DE CORMENIN a placé à la fin du chapitre du *Conseil d'état*, 4.e édit., t. 1er, p. 295 ; et 5e édit., t. 1er, p. 216, une bibliographie qu'on doit consulter.

Voici les principaux écrits qui ont paru de 1818 à 1840 (*) :

1° En 1818 furent publiés les deux écrits les plus remarquables sur le conseil d'etat.

L'un de M. SIREY, ayant pour titre : *Du conseil d'état selon la Charte.*

L'autre de M. DE CORMENIN, alors maître des requêtes, ayant pour titre : *Du conseil d'état envisagé comme conseil et comme juridiction dans notre monarchie constitutionnelle.*

On doit considérer ces deux ouvrages comme le type de tout ce qui a paru depuis cette époque.

(*) Je n'ai trouvé aucune idée de controverse dans un écrit fort instructif qui eut pour auteur, en 1810, le savant secrétaire du Conseil d'état, M. Locré. Cet écrit peut être placé au rang des sources historiques sur le conseil d'état de l'empire.

J'ai déjà dit qu'à mes yeux la compétence administrative *dérivait du pouvoir exécutif*. J'ajouterai

---

M. SIREY voulut prouver la vérité des principes qu'il posait par des exemples et fut trop long.

M. DE CORMENIN donna ses idées en quelques pages ; mais chaque ligne était une pensée que faisait ressortir le charme du style de l'auteur.

L'écrit de M. de Cormenin parut sous la forme anonyme ; une réponse également anonyme fut publiée sous ce titre : *Du jugement du contentieux d'administration par le roi en son conseil d'état.*

2° En 1821, dans la préface de son volume de lois , M. ISAMBERT présenta des considérations fort importantes sur les arrêts du conseil d'état et sur les attributions de ce conseil.

3° M. ROUTHIER , avocat au conseil du roi, publia , en 1828, son opinion sur l'organisation du conseil d'état en cour judiciaire.

4° En 1828 fut également publié l'ouvrage de M. MACAREL : *Des tribunaux administratifs, ou introduction à l'étude de la jurisprudence administrative,* ouvrage de théorie et de critique , qui plaça ce savant et modeste jurisconsulte au rang des premiers publicistes de notre époque.

5° Ce fut la même année que parut sous la forme anonyme , dans la Revue française (n.° de novembre 1828), l'article de M. DE BROGLIE, qui fit tant de bruit dans le monde scientifique : c'était simplement un compte rendu du livre de M. Macarel.

La puissance du talent , la haute position sociale de l'écrivain,

avec l'auteur de l'écrit anonyme publié en 1818
en réponse à l'ouvrage de M. de Cormenin, que

———————————————

ébranlèrent l'existence des tribunaux administratifs et provoquè-
rent la proposition de M. Gaëtan de Larochefoucaud (*).

6° Le génie d'un savant vieillard qui, depuis cinquante ans,
avait étudié l'organisation judiciaire et administrative, fut ému du
succès inattendu de l'article de la Revue française. Le vénérable
M. HENRION DE PANSEY, *premier président de la Cour de cassation*, se demanda *naïvement*, s'il devait abandonner les principes qu'il avait soutenus depuis trente ans, et trois mois avant
de terminer sa belle et longue carrière, il réfuta avec énergie les
paradoxes de l'habile écrivain de la Revue. M. Cotelle a publié
cette réfutation dans un opuscule intitulé : *Un mot sur le contentieux du conseil d'état.*

7° Les journaux politiques avaient pris part à la polémique.
M. *Pichon*, conseiller d'état, crut devoir adresser au Messager,
dans le mois de novembre 1828, la réfutation d'un article du
Constitutionnel, et il publia séparément cette réfutation.

8° En 1830, M. le duc de Broglie, rédacteur du fameux
article de la Revue, fut nommé *ministre et président du conseil
d'état*. Les idées de réforme étaient devenues plus vives qu'en
1828; mais le ministre dut procéder avec prudence, et une
commission fut créée. En attendant les résultats du travail de
cette commission, M. QUESNAULT, avocat au conseil du roi, et

(*) Cet honorable député fit imprimer une brochure fort étendue
contenant le développement de son opinion.

le fondement indestructible du pouvoir, de juger
le contentieux d'administration par l'administra-

M. Locré, publièrent, en 1830 et 1831, deux opuscules sur
le conseil d'état.

Celui de M. *Locré* eut pour titre : *Quelques vues sur le conseil d'état, considéré dans ses rapports avec le système de notre
régime constitutionnel.*

Celui de M. *Quesnault* est intitulé : *De la juridiction administrative.*

9° De 1831 à 1838, les tribunes des deux chambres avaient
seules retenti des discussions sur le conseil d'état. Le pays semblait attendre avec confiance l'opinion du pouvoir législatif sur
ce grave débat, lorsque parut le livre de M. BAVOUX, l'auteur
des deux volumes in-4.° sur les conflits, intitulé : *Conseil
d'état, Conseil royal, Chambre des pairs, Vénalité des charges, Duel, et Peine de mort.*

Cet auteur reprend la théorie presque abandonnée de la Revue
française de 1828, et en tire cette conséquence, *qu'il ne doit
point y avoir de conseil d'état* (*).

Jamais attaques n'avaient été plus vives, car M. Bavoux
accuse cette institution de *menacer les libertés publiques et le pouvoir judiciaire* (**). « *Placé*, ajoute-t-il, *au centre du gouver-
» nement et presque sur les marches du trône, il pourrait se
» liguer avec le pouvoir exécutif et envahir peu à peu tous les au-
» tres pouvoirs.* »

(*) Page 14.
(**) Page 17.

tion même , est dans l'indivisibilité de ce pouvoir
avec l'administration dont il est partie intégrante ;
qu'il n'existe, ce pouvoir, et qu'il n'est accordé que
parce qu'il est impossible que l'administration elle-
même subsiste sans lui ; que s'il n'en était pas
ainsi, il n'y aurait pas de raison pour qu'il ne fît pas
partie de l'ordre judiciaire , et qu'enfin le pouvoir
de prononcer sur le contentieux en administration
est dans le pouvoir exécutif, parce que l'administration même dont il est inséparable y est certainement.

Ai-je besoin de rechercher quelle loi nouvelle,
quel article de la charte investit un tribunal du
droit de juger le contentieux administratif? Ce

L'écrit de M. Bavoux n'est pas, comme tous les autres, un écrit
sur le conseil d'état, mais un écrit *contre* ce conseil.

Je doute que ses opinions puissent prévaloir même dans l'esprit de l'auteur de l'article de 1828.....

10° Enfin , plusieurs articles fort intéressants ont été publiés
dans les journaux judiciaires , la *Gazette des tribunaux* , et le
Droit, notamment par MM. PISTOYE et LIGNIER , avocats à
la Cour royale de Paris.

L'article de M. *Lignier* , inséré dans *le Droit* , du 21 février
1840, n.° 45 , m'a paru empreint d'une grande sagesse de vues,
en même temps qu'il est remarquable par la clarté du style.

contentieux, c'est un débat permis sur les actes du pouvoir exécutif; c'est à ce pouvoir, s'il veut inspirer une plus grande confiance, à entourer ce débat de formes plus solennelles.

L'organisation actuelle de ce qu'on est convenu d'appeler *les tribunaux administratifs* s'harmonise parfaitement avec la responsabilité ministérielle, fondement du gouvernement représentatif. Pas un seul acte administratif ne peut acquérir une force absolue en dehors du pouvoir exécutif. Tout vient aboutir à la signature du roi donnée sous le contre-seing du ministre responsable.

D'excellents esprits, je le reconnais, ont voulu prouver la nécessité de créer un tribunal administratif supérieur, composé de magistrats inamovibles. J'avoue, en toute humilité, que je n'ai jamais pu comprendre cet étrange terme moyen (1).

_____

(1) Voici comment M. DE BROGLIE lui-même s'exprimait en 1828 sur cette création proposée par M. Macarel : « Jusque-là » donc notre auteur semble tout-à-fait dans le vrai. Mais lors- » qu'il réclame, à titre de PANACÉE, la création de tribunaux » administratifs, nous ne le comprenons plus. De deux choses » l'une, en effet :

» Ou ces tribunaux de nouvelle espèce seraient de véritables » tribunaux, réunissant toutes les conditions d'indépendance qui

La nécéssité d'une juridiction spéciale administrative une fois reconnue , une fois admise

———————————————————————

» siéent à la magistrature , et la placent à son rang dans les res-
» pects du public et dans la confiance des justiciables ; alors les
» objections que nous venons de faire valoir se reproduiraient ,
» et avec infiniment plus de force , contre des corps judiciaires
» dont l'unique fonction serait de tenir le glaive et la balance
» suspendus sur la tête du gouvernement, de le citer chaque jour
» à leur barre, et de lui rompre en visière.

» Ce seraient les éphores de Sparte.

» Ce serait , sur une plus petite échelle, le grand justicier
» d'Aragon.

» Ou ces tribunaux ne seraient tribunaux que de nom ; ils ne
» s'appartiendraient pas à eux-mêmes ; au vrai, et par le fond des
» choses, ils demeureraient dans la main et sous l'inspiration du
» gouvernement : triste et stérile parade ; misérable jonglerie
» dont personne ne serait dupe , et qui n'aboutirait par consé-
» quent qu'à réduire à rien la responsabilité des ministres.

» Ajoutons que, même en ce qui touche les fonctions juridi-
» ques de l'administration , les justiciables y auraient peut-être
» plutôt à perdre qu'à gagner. Car enfin, on l'a vu, ces fonctions
» sont bien diverses ; il est bien difficile, sinon tout-à-fait impos-
» sible, de les réduire à un même principe. L'administration,
» dans son allure libre et souple , pourvoit , par des expédients
» différents, à l'extrême diversité des matières.

» Créez des tribunaux uniformes dans léur compósition ; assu-
» jettissez-les à des formes immuables, cet avantage vous échappe.

» Mais, en résumé , et sans insister sur ce dernier point,

par tous ceux qui proposent la création d'un
tribunal administratif supérieur, que deviendrait
ce tribunal supérieur abandonné à son isolement,
ou plutôt tronant sur son isolement même? ce serait l'arbitre souverain de l'administration ; ce serait
le régulateur du pouvoir exécutif; ce serait un
instrument d'anarchie, parce qu'en lui surgirait
un quatrième pouvoir qui détruirait l'équilibre
résultant de la division tripartite généralement
adoptée. Il n'y aurait plus de justice administrative, il n'y aurait plus d'administration, il y
aurait DEUX POUVOIRS JUDICIAIRES.

Aussi, un des esprits les plus clairvoyants parmi
les partisans de cette création anormale, M. de
Cormenin (1) s'est-il empressé de pallier le danger

» l'idée de faire marcher de front, de soumettre aux mêmes pro-
» cédés, de porter devant les mêmes autorités, et les réclamations
» en matière de contentieux administratif, et cette foule d'ins-
» tances purement judiciaires dont l'administration se trouve au-
» jourd'hui saisie, nous semble UNE IDÉE MALHEUREUSE, UNE
» IDÉE GROSSIÈRE, qu'on nous pardonne l'expression, une idée
» dont il ne saurait résulter autre chose qu'un compromis qui
» détruira le gouvernement représentatif ou dégradera la justice,
» selon le côté vers lequel on fera pencher la balance. »

(1) Page 166, éd. de 1818.

de sa proposition en y ajoutant ce correctif :
« Enfin, le ministre de la justice, par sa présence,
» son rang, son autorité, sans nuire à la pleine
» indépendance des délibérations, *empêcherait*
» néanmoins que le tribunal ne prononçât jamais
» par voie de disposition générale et réglementaire,
» ou n'introduisît une jurisprudence contraire aux
» légitimes intérêts de l'état, et par sa *surveillance*
» éclairée, active, continue, *renfermerait* les juges
» dans les *bornes du devoir* et dans la *stricte appli-*
» *cation des lois existantes...* »

Ne devrait-il pas suffire d'exposer un semblable
système pour qu'il fût jugé? L'INDÉPENDANCE TROP
ABSOLUE DES JUGES CORRIGÉE PAR LA PRÉSENCE DU MI-
NISTRE DE LA JUSTICE, PAR SA SURVEILLANCE ÉCLAIRÉE,
ACTIVE, CONTINUE.......

Et le même publiciste ajoute, tout en déclarant
que c'est une concession faite à des craintes chimé-
riques et pour ne pas laisser prise à la moindre objection : « Enfin, pour rassurer pleinement les mi-
» nistres sur les effets de cette indépendance, ne
» serait-il pas possible de remettre en vigueur les
» dispositions de l'article 7 de l'ordonnance royale
» du 29 juin 1814 sur l'organisation du conseil
» d'état? Cet article porte : *Nous pourrons évoquer*

» *au conseil d'en haut les affaires du contentieux*
» *de l'administration qui se lieraient à des vues*
» *d'intérêt général.* »

Ou les précautions prises dans l'intérêt de l'unité
et de la liberté d'action du pouvoir exécutif ôte-
raient force, indépendance, vie au tribunal administratif, et alors ce ne serait plus qu'un simulacre
de réforme , un rouage inutile ;

Ou ce tribunal jouirait d'une indépendance complète, et ce ne serait plus alors un tribunal administratif, mais un tribunal judiciaire avec ses
immenses inconvénients. Alors plus de ligne de
séparation entre l'autorité administrative et l'autorité judiciaire. Qu'importerait la rapidité des
formes admises devant ce tribunal jugeant les actes
de l'administration ? Au fond, ce serait un pouvoir...

Ce ne sont donc point des garanties seulement
que vient offrir la création d'un tribunal administratif; c'est le changement même de notre ordre
constitutionnel. Il y a là un danger réel , grave :
que tous les hommes de bonne foi veuillent y
réfléchir...

La juridiction administrative ne serait-elle pas
une partie indivisible du pouvoir exécutif, elle ne

serait, à mes yeux, ni *inconstitutionnelle*, ni *illégale*.

Elle n'est pas *inconstitutionnelle*, parce que la
constitution ne s'est occupée que de l'ordre judiciaire.

En 1814, il fallait rassurer les esprits contre
le retour aux anciennes idées. *Plus de parlements,
plus de sénéchaussées, plus de bailliages ; les cours,
les tribunaux, publicité des audiences, jury en
matière criminelle.* La charte devait consacrer ces
conquêtes de la révolution ; le philosophe qui
montait sur le trône, plus sage que ces ardents
partisans d'une époque passée sans retour, con-
sacra dans sa constitution les principes que chacun
regardait comme la sauvegarde de nos libertés.

En 1830, le cri général fut : plus *de commissions*, sous quelques dénominations qu'on les
présente. Les *cours prévôtales, les commissions
militaires*, apparaissaient encore avec leur hideux
cortége de condamnations politiques.

A ces deux époques, on ne songea même pas à
diminuer l'action du pouvoir exécutif. Dans les
moments de crise, les trois pouvoirs de la société
sentent plus vivement qu'en leur union est la force
commune.

A-t-on jamais soutenu que la charte détruisait tout ce qu'elle ne nommait pas? Elle était empreinte d'un esprit trop conservateur pour qu'on lui fît produire un effet que n'aurait même pas produit la constitution la plus démocratique.

Dans l'opinion d'un silence destructeur, il aurait fallu admettre qu'il n'existait plus,

Ni conseils de guerre pour l'armée de terre ;

Ni conseils de révision ;

Ni conseils de guerre maritime ;

Ni cour des comptes (1) ;

Ni conseils de prud'hommes ;

Ni conseil de l'université ;

Ni conseils académiques ;

Ni arbitrages forcés ;

Ni chambres de discipline, etc., etc.

C'était faire abus d'une règle à peine reçue au palais : *inclusio unius est exclusio alterius.*

---

(1) On avait bien voulu attaquer l'existence de cette cour, admirable création appelée à régulariser les crédits, et que la surveillance du conseil d'état empêche de s'écarter de son but. Des projets de lois furent proposés en 1816 ; mais on finit par respecter ce qui existait ; on perdit l'espoir de faire mieux.

M. de Cormenin lui-même (1) quoiqu'il pensât
que la juridiction du conseil n'était ni constitutionnelle ni légale, repoussait l'application des art. 58,
62 et 63 de la charte de 1814 : « Ces articles sont
» clairs, précis; mais où sont-ils placés dans la
» charte? sous le titre de l'ordre judiciaire. Que
» règlent-ils évidemment d'après l'esprit et la let-
» tre de ce titre? Les seules matières de l'ordre
» judiciaire. Or, ici, il ne s'agit uniquement que
» de l'ordre administratif. Ainsi ce principe con-
» sacré par la charte ne souffre aucune excep-
» tion dans les matières civiles et criminelles;
» mais c'est forcer ses conséquences que de l'ap-
» pliquer aux matières administratives qu'il n'a ni
» prévues ni réglées. »

Tel devait être le langage de ce publiciste,
puisqu'il conclut en proposant de créer un tribunal spécial en dehors du pouvoir exécutif et du
pouvoir judiciaire. Je laisse à d'autres plus hardis
que moi à décider si ce tribunal ne serait pas
un véritable tribunal d'exception...

---

(1) Page 104.

La juridiction administrative n'est pas *illégale;*

Car, à mon avis, elle est réglementée par une trop grande quantité de lois. Je ne citerai que celles qui peuvent être considérées comme les lois fondamentales, organiques de la juridiction administrative :

1° La loi du 28 pluviôse an **VIII**, constitutive des conseils de préfecture.

Cette loi a été longuement discutée dans le sein du tribunat et du corps législatif.

Cette loi n'est point une constitution qu'on puisse considérer comme abolie par une autre constitution.

Cette loi n'a point été abrogée par la charte, qui au contraire en prononce le maintien dans ses articles 59 et 70.

Depuis la loi de l'an VIII, avant et après 1814 et 1830, les lois ont investi les conseils de préfecture de nouvelles et nombreuses attributions.

Si par un étrange abus des idées et des mots on parvenait à faire considérer l'existence du conseil d'état comme inconstitutionnelle et illégale, on supprimerait le tribunal d'appel, tout en conservant un des tribunaux de premier degré, à moins qu'on ne prétendît saisir de l'appel la cour royale ou la cour de cassation.....

2° Le conseil d'état existe en vertu des lois et règlements des 22 frimaire et 5 nivôse an VIII, 28 floréal an XII, art. 75.

MM. DE CORMENIN, 4e édition, tome 1er, p. 5 et 279, et 5e édition, tome 1er, p. 18; DE GÉRANDO, tome 1er, p. 100, n° 137 et suivants; et ROUTHIER, p. 55, énumèrent les lois très-nombreuses dans lesquelles a été consacrée, avant et depuis la charte de 1814, l'existence de ce conseil.

M. MACAREL, dans ses *Tribunaux administratifs,* p. 473, donne un fragment d'un discours de M. VATISMÉNIL, ainsi conçu : « Depuis la restaura-
» tion, les lois ont parlé en termes bien formels.
» Ce n'est pas seulement, comme a paru le croire
» l'orateur auquel je réponds, la loi du 5 février
» 1817 et la loi du 2 mai 1827, sur les élections
» et le jury, qui ont consacré la juridiction du
» conseil d'état; ce sont encore plusieurs lois de
» finances qui défèrent au conseil d'état la décision
» des difficultés en matière d'abonnement pour

» les droits sur les boissons ; c'est la loi sur l'in-
» demnité des émigrés ; c'est la loi sur les commu-
» nautés religieuses de femmes ; c'est le code fo-
» restier. Je vous prie de remarquer, messieurs,
» que ces lois ont été faites à différentes époques;
» qu'elles ont été votées par des chambres diver-
» ses ; que ces chambres n'ont pas toutes suivi
» le même système politique, et cependant qu'el-
» les se sont accordées à reconnaître l'existence
» du conseil d'état. »

La charte elle-même de 1830 consacre l'existence et la légalité du conseil d'état, puisque dans
son article 23, § 7, elle classe les *conseillers d'état*
parmi les éligibles pour la chambre des pairs.

Depuis 1830, nous trouvons encore plusieurs
lois qui renvoient les discussions devant le conseil
de préfecture, sauf recours au conseil d'état, ou
qui reconnaissent l'existence des tribunaux administratifs.

Notamment,

Les lois électorales (1), le budget de 1835 (2),

---

(1) 21 mars 1831, et 22 juin 1833.
(2) Loi du 24 mai 1834, art. 8.

la loi relative au traité des Etats-Unis (1), les lois sur l'asséchement des mines (2) et sur les aliénés (3).

Et si enfin on persistait à vouloir déclarer illégale l'existence des tribunaux administratifs, resterait debout la législation qui a précédé leur organisation de 1789 à l'an VIII, qui crée le pouvoir administratif, fixe ses attributions, et investit les ministres du droit de décider le contentieux administratif, conformément au principe de la séparation des pouvoirs (4).

(1) 14 juin 1835.
(2) 27 avril 1838.
(3) 30 juin 1838.
(4) Lois des 30 juin-2 juillet, et 16-24 août 1790, 25 mai 1791, etc., etc.

IV. DE LA NÉCESSITÉ DE LA JURIDICTION ADMINISTRATIVE (1).

> La justice administrative doit faire prévaloir au besoin l'équité et l'INTÉRÊT DE L'ÉTAT QUI EST L'INTÉRÊT DE TOUS, sur les dispositions inflexibles et plus étroites de la législation positive.
>
> M. Locrè, *du Conseil d'état*, 1810, p. 168.

Un publiciste élégant et profond, un homme de cœur et de talent, a contesté la nécessité d'une juridiction administrative. Il est impossible de traiter avec plus d'esprit une thèse aussi paradoxale (2).

Ce publiciste, devenu ministre, président du conseil, a sans doute acquis par expérience la

---

(1) Mon titre du *Contentieux administratif* fournira la preuve de la nécessité de ce contentieux, et complétera la théorie de ce paragraphe.

(2) Revue française, n.° 6, novembre 1828, article dont j'ai parlé au § précédent.

---

certitude que le système qui lui avait paru séduisant en théorie n'était pas réalisable dans la pratique.

L'article de la Revue française souleva de vives controverses ; nous lui devons les dernières réflexions du vénérable M. Henrion de Pansey, recueillies par M. Cotelle, sur le contentieux administratif.

M. de Broglie, auteur de cet article, résumait ainsi sa doctrine : « Toute réclamation élevée » contre un acte quelconque du gouvernement » *statuant de puissance à sujet ;* toute réclamation » dont le but est d'obtenir, soit la révocation, soit » la réformation d'un tel acte ; toute question en » un mot qui porte sur le mérite, sur la justice, » sur l'opportunité d'une mesure prise par le gou- » vernement *discrétionnairement* et dans la limite » de ses pouvoirs, doit être portée devant le gou- » vernement lui-même.

» Toute plainte, en revanche, qui se fonde sur » les termes exprès d'une loi, d'un décret, d'une » ordonnance, d'un arrêté, n'importe ; toute ques- » tion dont la solution se trouve d'avance écrite » dans un texte, tellement que, les faits étant véri-

» fiés, il ne reste plus qu'à voir ce que porte le
» texte invoqué, jusqu'à quel point il s'applique
» ou ne s'applique pas, est du ressort des tribu-
» naux. »

Qu'entendait M. de Broglie par ces mots : *Un
acte quelconque du gouvernement statuant de puissance à sujet ?* La définition plus ou moins complète de cette pensée nous mettrait peut-être d'accord.

Le contentieux administratif naît, selon moi, de
l'exercice du pouvoir exécutif touchant à un droit,
ou à un droit acquis. C'est toujours par suite d'un
acte statuant de puissance à sujet, que s'élève le
litige contentieux. Il n'est jamais le résultat d'un
acte de l'état agissant comme simple particulier
contre un citoyen, parce qu'alors l'état, propriétaire d'une partie du sol, a pour juge les tribunaux communs, les tribunaux civils ordinaires.

Comment définirons-nous les *mesures prises par
le gouvernement discrétionnairement ?* Quand le
gouvernement sera-t-il considéré comme *ayant agi
dans les limites de ses pouvoirs ?* A ces questions la
réponse serait indispensable avant de parler d'abus
et de réformes.

Il y a plus : comment appliquer à la pratique

la seconde pensée de l'auteur de l'article ? Qui vérifiera les faits pour appliquer le texte ? Qui jugera si ou non le droit prétendu résulte d'une ordonnance, d'un règlement ? Et si les tribunaux changent et dénaturent les termes mêmes des *actes administratifs*, quel sera le pouvoir supérieur appelé à faire respecter l'autorité administrative ?

Dans l'impuissance de reconnaître la portée et les limites de la doctrine formulée, j'ai examiné les détails et les applications. L'auteur de l'article de la Revue déclare qu'il faut mettre courageusement la main à l'œuvre, et dégager une fois pour toutes le contentieux administratif proprement dit de ce qui n'est pas lui, et l'épurer avec soin de toutes les matières judiciaires. Ainsi, notamment, il *faut renvoyer,* dit-il, *au jugement de la cour de cassation les pourvois contre les décisions de la cour des comptes; toutes les questions de liquidation doivent être du ressort des tribunaux, et les difficultés qui peuvent s'élever relativement à l'exécution des marchés et fournitures doivent également leur être soumises.*

Dans ces trois cas, le gouvernement me paraît statuer de puissance à sujet ; c'est un intérêt général qui détermine son action. L'autorité judiciaire entraverait la marche de l'administration, qui ne jouirait pas de la liberté qui fait sa force.

Si la cour des comptes, méconnaissant le but de son institution, frappait de réprobation des ordonnancements réguliers, et déclarait en débet les comptables qui les auraient reçus, quel est, dans l'intérêt général, le pouvoir placé assez haut pour maintenir son autorité dans les bornes qu'elle ne doit pas dépasser? C'est le pouvoir exécutif.

Les questions de liquidation touchent le trésor. Pour imposer au trésor la charge la plus légère, il faut une loi, lorsqu'il n'y a aucun contact de droits particuliers. Pourquoi donc, dans ce dernier cas, enlever au pouvoir exécutif l'examen du litige? Ne traitera-t-il pas de puissance à sujet? N'est-ce pas dans l'intérêt général qu'il appliquera la législation à un cas particulier? N'aura-t-il pas à apprécier, à côté de la rigueur des textes, des questions de convenance et d'opportunité?

L'exécution des marchés et fournitures? Pour ce cas spécial, M. de Broglie craint que l'application des règlements de service ne soit un peu embarrassante pour les tribunaux, les formes de la justice quelque peu lentes, et il ne voit pas pourquoi les *parties* (sans doute *l'état* qu'il qualifie de *partie* et le fournisseur) ne conviendraient pas de choisir des arbitres. Pour les marchés, pour les fournitures, pour les travaux publics, tous actes de l'administration intéressant à un haut degré l'intérêt général et devant, dans tous les cas, grever le trésor, ce serait enlever au pouvoir exécutif une partie de sa puissance et de son énergie que de confier aux tribunaux civils la connaissance des difficultés auxquelles donnerait lieu cette partie du service.

Que répondrait-on à un ministre qui viendrait présenter un excédant de crédits extraordinaires en apportant un arrêt qui aurait condamné le trésor à quelques millions d'indemnité pour l'inexécution d'un marché ou d'une fourniture?

Je viens d'écrire le *mot* sur lequel s'échafaude cette opinion qui ne veut plus de contentieux administratif, ou celle non moins étrange qui, repoussant la juridiction des tribunaux civils, veut créer un tribunal administratif supérieur.

L'état est *partie*, répète-t-on sans cesse, et on ne peut pas être *juge* et *partie*.

« Si l'on proposait, dit l'auteur de l'article de » la Revue, dans un procès entre particuliers, de

» s'en rapporter ainsi dans le doute à la bonne foi
» ou plutôt au *bon plaisir* de l'une des parties, le
» sens commun entrerait en révolte ; mais com-
» bien de fois l'autorité ne s'est-elle pas regardée
» comme en position de décliner le sens com-
» mun ? »

La dernière considération est une ironie mor-
dante, mais ne prouve rien. L'assimilation de
l'état avec un particulier est, à mon avis, contraire au véritable esprit de notre régime constitutionnel.

Je dirai avec M. Portalis, avec M. Henrion de
Pansey (1) et avec tant d'autres dont le nom seul
est une garantie de lumière, qu'en matière administrative, c'est surtout l'intérêt général, les
intérêts communs et collectifs qu'il s'agit de conserver et de protéger ; que s'il faut veiller avec
soin à ce que les intérêts ou les droits privés ne
soient pas sacrifiés, ni froissés par l'action administrative, il n'est pas moins important d'empêcher que l'action administrative ne soit entravée
dans sa marche ; que si on ne veut pas tomber

----

(1) Tous les deux PREMIERS PRÉSIDENTS *de la cour de cassation,* de la première cour de justice du royaume...

dans la confusion et l'anarchie, il n'y a qu'une autorité administrative qui puisse réformer les actes d'une autorité administrative; que c'est précisément pour que les mêmes hommes ne soient pas juges de leurs propres jugements qu'on a établi un conseil administratif délibérant qui assure une autorité morale aux décisions suprêmes de l'administration.

Juge et partie ;... tant mieux, doit dire tout citoyen jaloux de la prospérité générale, si l'administrateur est assez pénétré des devoirs de sa position pour considérer les intérêts de l'état, du trésor public, comme ses propres intérêts.

Juge et partie... Comment fera-t-on jamais admettre que quinze conseillers d'état sont tellement identifiés au ministre qui a rendu la décision, qu'ils sacrifient tout sentiment de pudeur et de justice pour faire triompher l'iniquité, qui certes ne sera pas l'œuvre directe de ce ministre, mais l'œuvre de ses bureaux (1).

_____

(1) Qu'on ne croie pas que j'approuve *in globo* toutes les décisions du conseil d'état. Il en est lors desquelles une pensée politique, ou un zèle peut-être exagéré pour les intérêts du trésor ont trop vivement préoccupé les conseillers qui les approuvaient.

Juge et partie. «Mais, dit enfin M. Portalis,
» l'état figure dans les litiges administratifs, non
» comme propriétaire de ses domaines, ou comme
» exerçant des actions civiles, mais comme le con-
» servateur de cet ordre social et public qui a né-
» cessité la distinction des compétences, la tutelle
» administrative des communes et des établisse-
» ments publics, la levée des contributions, l'ou-
» verture des routes et des autres moyens de
» communication et de transport.... L'administra-
» tion ne cesse point d'administrer, même lors-
» qu'elle statue sur des matières contentieuses. La
» juridiction qu'elle exerce est le complément de
» l'action administrative. »

A mes yeux, le contentieux administratif naît
des conséquences, des résultats, de l'interprétation des actes administratifs. Les tribunaux ne
peuvent ni expliquer, ni modifier, ni annuler un
acte administratif; le jugement du contentieux ad-

J'ai été pendant six ans avocat aux conseils du roi et je ne rati-
fie pas toutes mes défaites... Mais j'ai aussi souvent, dans les
vingt-quatre heures, maudit la chambre des requêtes. Et où dé-
couvrira-t-on donc une institution sans dangers d'erreur? Le plus
grand danger est de jeter le chaos dans l'exercice simultané des
trois pouvoirs dont l'accord seul peut produire la stabilité.

ministratif doit donc appartenir à la juridiction administrative. L'existence du conseil d'état est une garantie accordée par le pouvoir exécutif, que la décision ne sera définitive qu'après avoir été soumise à un conseil nombreux et éclairé.

Si on enlevait au pouvoir exécutif la connaissance du contentieux administratif, on l'énerverait sans nécessité, et on reporterait l'action et la force au pouvoir judiciaire.

Le pouvoir qui ordonne, qui prescrit, qui décide, c'est le pouvoir fort.

Celui qui exécute, est un instrument, un agent secondaire.

Ce n'est plus un pouvoir; il y a confusion.

Si l'on excepte M. de Broglie et M. Bavoux (1), la nécessité d'un contentieux administratif appartenant à une juridiction administrative, a été généralement reconnue.

Je serai sobre de citations; voici seulement deux passages qui résument toute ma pensée :

_____

(1) Voyez *suprà*, p. **xxxj**.

« Il ne faudrait pas toucher, sans d'extrêmes
» précautions, a dit M. de Cormenin (1), aux
» attributions de la juridiction administrative ; il
» vaut mieux la régler que de la détruire. Les
» parties ne gagneraient rien à aller devant les
» tribunaux civils, car les procès seraient à la
» fois plus lents et plus dispendieux. Le gouver-
» nement n'y gagnerait rien non plus, car il fau-
» drait qu'il rappelât sans cesse à lui, par la voie
» de l'évocation, une foule de questions pure-
» ment administratives ou politiques qui se mê-
» leraient d'une manière presque inextricable à
» ces thèses contentieuses, devenues judiciaires.
» La séparation des pouvoirs établie par l'assemblée
» constituante, serait confondue et renversée. Les
» conflits se multiplieraient à l'infini avec leurs iné-
» vitables lenteurs et leurs scandales. Le cours
» de la justice qui doit ici être prompt pour être
» efficace, serait interrompu à chaque instant et
» entravé ; il y aurait des confusions de matières,
» des luttes de juridictions, des dangers de ju-
» gements, des refus insurmontables de pièces
» ministérielles, des impossibilités d'exécution de
» toute espèce. »

_____

(1) Préface de ses *Questions,* éd. de 1837, p. xiv.

«On a dû faire des exceptions au droit commun,
» a dit M. Locré (1), pour les affaires où l'intérêt
» général se trouve plus ou moins mêlé, parce qu'il
» importe également de maintenir l'ordre public et
» l'ordre privé. Il est devenu nécessaire d'instituer
» une justice administrative qui, ayant plus de la-
» titude, puisse tout balancer, former un droit
» mixte des règles du droit public et de celles
» du droit privé, et faire prévaloir, au besoin,
» l'équité et l'intérêt de l'état, *qui est l'intérêt de*
» *tous,* sur les dispositions inflexibles et plus étroi-
» tes de la législation positive. »

---

(1) Locré, *du Conseil d'état*, 1810, p. 166 et 168.

V. EXAMEN DES PROPOSITIONS DE LOI SUR LE CONSEIL D'ÉTAT SOUMISES AUX CHAMBRES DEPUIS 1830.

> La sagesse conseille de ne procéder que progressivement à l'amélioration des lois et aux perfectionnements sociaux. Il ne faut ébranler le *tout de rien,* pour parler comme Montaigne : c'est à faire au temps, et il ne s'en acquitte que trop bien.
>
> M. le comte Portalis, *Rapport du 25 janvier* 1834, pag. 19.

Dans la première édition de ses questions de droit, M. de Cormenin (1) a écrit ces lignes : « *J'affirmerais volontiers qu'il n'y a pas de tribunal* » *en France qui juge avec plus d'indépendance, de* » *caractère et de conscience que le conseil d'état.* »

A cette époque la publicité n'existait pas, et cet auteur, dans le livre où il demandait la création

(1) T. 2, p. 322.

V

d'un tribunal administratif supérieur pour tranquilliser les fournisseurs et tous ceux que touchait l'action administrative , s'empressait d'ajouter comme correctif : « Il n'est personne qui ne » sente et ne reconnaisse que les matières admi- » nistratives, à cause de leur urgence, de la nature » des principes politiques qui quelquefois les régis- » sent et des égards dûs aux ministres du roi, ne » sauraient être exposées *aux lenteurs des audiences* » *publiques et à la licence des plaidoiries.* »

En 1837, dans la préface de la 4e édition de ses Questions de droit, le même auteur parle en ces termes de la garantie morale que présentent les tribunaux administratifs (1) : « S'il y a une justice » administrative , il faut que les justiciables de » cette justice obtiennent la garantie qu'elle jugera » bien, et l'on ne peut bien juger sans indépen- » dance, sans motivation, sans publicité, sans » procédure fixe. »

Quant à la publicité qu'il avait jugée si sévèrement en 1818, voici comment il en parle dans cette même préface : « La plaidoirie orale, com- » plément de l'instruction écrite, la publicité des

---

(1) Préface, p. xiij.

» audiences si conforme au génie de notre gou-
» vernement , sont d'heureuses conquêtes de la
» révolution de juillet ; nous n'y sommes pas
» étrangers, pour avoir les premiers, il y a quinze
» ans , ouvert ces voies..... »

J'ai fait ces citations pour prouver que l'homme
qui étudie, qui médite ces graves questions d'organisation des pouvoirs, en dehors de toute préoc-
cupation politique, doit éprouver un grand embarras quand il trouve dans la bouche des maîtres
de la science des théories souvent contradictoires.

Je ne suis nullement étonné que cette question
de la constitution du conseil d'état qui s'est repro-
duite depuis 1816 à tous les budgets, n'ait pas fait
un seul pas dans cette période de vingt-quatre
années. Tant que, pour la résoudre, on se laissera
entraîner par d'autres considérations que par la
conservation du principe de la séparation des
pouvoirs, il y aura lutte, mais jamais amélioration (1).

---

(1) M. MACAREL, dans son ouvrage *des Tribunaux adminis-*
tratifs, p. 325 et suiv. a analysé avec un soin extrême, non-
seulement les divers systèmes des publicistes qui avaient écrit
avant 1828, mais encore les opinions des membres des deux

Voici l'historique de cette lutte, à dater du moment où l'affaiblissement du pouvoir exécutif paraissait nécessaire à la conservation des libertés civiles et politiques.

En 1829, une proposition formelle tendait à faire rejeter du budget l'allocation concernant le conseil d'état. Les séances des 6 et 7 juin furent consacrées à ce grave débat, les hommes les plus influents de la chambre prirent part à la discussion. Deux ministres du roi jouissant du plus grand crédit, MM. le COMTE PORTALIS et DE VATISMENIL résistèrent avec énergie, et M. DE CORMENIN fit briller

---

chambres et des commissaires du roi. Nous avons remarqué cette réflexion préliminaire qui prouve que les meilleurs esprits peuvent commettre de graves erreurs: « Beaucoup d'écrivains distin-
» gués et d'orateurs habiles ont discuté, combattu ou soutenu
» l'utilité et la constitutionnalité de l'existence du conseil d'état
» actuel. J'ai mis depuis dix ans une grande attention à recueil-
» lir , à lire et à méditer leurs écrits et leurs discours ; JE CROIS
» LE SUJET ÉPUISÉ. Il me semble donc que je dois me borner,
» en ce moment, au rôle de rapporteur de cet important débat,
» qui s'agite encore aujourd'hui, *à la grande surprise sans doute*
» *des générations qui nous suivent, et qui ne comprendront pas*
» *que des QUESTIONS AUSSI SIMPLES aient dû subir tant de*
» *difficultés.* »

dans un admirable discours toute l'étendue de sa science.

Le ministère promit une loi pour la session suivante (1). A la session suivante ce ministère n'existait plus.

La révolution de juillet renversa et la nouvelle administration et la dynastie régnante.

Dans la révision de la charte il n'est nullement question du conseil d'état. Le 12 août 1830, une ordonnance royale contresignée par M. DUPONT DE L'EURE rendit au comité du contentieux son titre primitif de comité de législation et de justice administrative. Le 20 août, une nouvelle ordonnance nomma une commission chargée de préparer un projet de loi sur la réforme à introduire dans l'organisation et les attributions du conseil d'état. Le même jour, le roi organisa le conseil : « Consi- » dérant, est-il dit dans cette dernière ordonnance, » qu'un grand nombre d'affaires attribuées par des » lois encore en vigueur à la juridiction adminis-

---

(1) M. DALLOZ, dans son rapport, M. DE CORMENIN dans ses notes, parlent d'un projet rédigé par M. DE COURVOISIER. Il m'a été impossible de lire ce projet, qu'on m'a dit ne pas exister à la chancellerie.

» trative sont en instance devant le conseil d'état;
» que jusqu'à ce qu'une loi, qui sera le plus tôt pos-
» sible présentée aux chambres, ait définitivement
» réglé l'organisation et les attributions du conseil
» d'état, il est urgent de pourvoir à l'expédition de
» ces affaires ; que la suspension des travaux du
» conseil laisse les parties en souffrance, compro-
» met de graves intérêts et excite de vives et justes
» réclamations. »

La commission, composée des hommes les plus
dignes d'inspirer une entière confiance (1), se mit
à l'œuvre.

En attendant leur travail, un ministre éclairé
(M. Barthe) proposa au roi d'accorder la publicité et le débat oral. Une première ordonnance
du 2 février 1831 introduisit, outre ces deux no-
tables améliorations , un ministère public dans
l'organisation du conseil.

Le 7 février, M. de Cormenin fit à la chambre
des députés une proposition tendant à étendre les

---

(1) Étaient membres de cette commission MM. LE COMTE
D'ARGOUT, BERANGER, DEVAUX, DE VATISMENIL, BARON DE
ZANGIACOMI, BARON DE FREVILLE, MACAREL, CHARLES DE
RÉMUSAT et TAILLANDIER. (*Duvergier*, t. 30, p. 202.)

garanties accordées par cette ordonnance, mais il y ajouta une disposition qui préjugeait une des plus graves difficultés d'organisation. Il voulait que les décisions du conseil ne fussent plus considérées comme des ordonnances, mais comme des arrêts semblables à ceux des tribunaux judiciaires.

Le ministre obtint une nouvelle ordonnance le 12 mars 1831, qui sur quelques points de détail donna satisfaction à la proposition de M. de Cormenin, et le surplus fut réservé pour l'époque de la loi promise.

La commission eut sous les yeux l'épreuve rédigée par la commission de révision de la législation, créée en 1825, épreuve dans laquelle avaient été réunies toutes les parcelles de la législation relatives au conseil d'état.

En mars 1833, un projet de loi fut rédigé par un des membres les plus distingués de la commission de 1830.

Ce projet était intitulé : *Projet de loi sur la compétence et la juridiction en matière de contentieux administratif et sur les fonctions du conseil d'état.*

De tous les documents, celui-là est le plus étendu, le seul même qui soit rentré dans les vues de ceux qui en 1829 demandaient la radiation de toute allocation, et qui en 1830 avaient provoqué l'ordonnance du 20 août.

Quoiqu'il soit assez généralement reconnu maintenant que le moment d'une refonte complète de toute la législation du contentieux administratif n'est pas encore arrivé (1), je ferai quelques observations sur ce projet.

---

(1) En 1837, M. VATOUT, rapporteur, émettait cette pensée, que la commission avait été convaincue de l'impossibilité d'un juste départ entre *les affaires d'essence administrative et les affaires d'essence judiciaire.* (Moniteur, supplément C. au n° 183 du 2 juillet 1837, séance du 30 juin.)

En 1840, M. DALLOZ, également rapporteur, a dit : « Votre » commission a pensé, avec l'exposé des motifs et la commission » de la chambre des pairs dans le rapport présenté par M. le » comte Portalis en 1834, que le moment n'était pas venu d'en- » treprendre la tâche périlleuse d'une loi qui aurait pour objet de » déterminer avec précision la limite qui sépare les matières pu- » rement administratives des matières contentieuses. On l'a vai- » nement tenté en 1833, et le projet en 246 articles qui fut alors » préparé par une commission prise dans le sein même du conseil » d'état, n'a servi qu'à faire plus vivement sentir la difficulté et » le danger d'une telle entreprise. A un partage d'attributions pé- » niblement formulé, et pour ainsi dire impossible, il faut pré- » férer un principe net et précis. La distinction entre le droit

Ce projet renferme 246 articles et cependant n'est pas complet.

Sans entrer dans des objections de détail et dans l'examen de chaque article et de chaque matière, je m'arrêterai à quelques points principaux.

I. Le plan général du projet ne m'a pas paru logique et satisfaisant. Le chapitre premier, *de la compétence des conseils de préfecture*, a pour section première : *des matières attribuées aux conseils de préfecture par les lois précédentes, et renvoyées aux tribunaux ordinaires par la loi actuelle.*

» légal et le simple intérêt, établit, en définitive, une ligne sûre » de démarcation entre l'administration proprement dite et le » contentieux de l'administration. Avec ce fil conducteur, l'erreur » est difficile, et la jurisprudence du conseil d'état laisse désor- » mais peu d'incertitudes dans l'application. »

Je ferai observer que la distinction entre *l'intérêt et le droit* est un fil conducteur pour reconnaître le *gracieux* du *contentieux*, mais qu'il n'est d'aucune utilité lorsqu'il s'agit de faire le départ entre *les affaires d'essence administrative et les affaires d'essence judiciaire.* C'est ce qui m'a déterminé à développer la formule de *l'intérêt spécial émanant de l'intérêt général, discuté, en contact avec un droit privé.* (Voy. mon chapitre *du Contentieux.*)

Je concevrais cet intitulé dans une instruction ministérielle ou dans un ouvrage de doctrine ; mais une loi sur la juridiction des tribunaux administratifs ne doit pas régler les attributions des tribunaux civils. Au titre 2 de la loi *de la compétence du conseil d'état*, même observation pour le chapitre 1er intitulé : *matières attribuées au conseil d'état par les lois précédentes, et renvoyées en tout ou en partie aux tribunaux ordinaires par la loi actuelle.*

On voit même que sous ces intitulés il y a des cas d'attribution aux tribunaux civils et aux tribunaux administratifs, ce qui fait de la loi une loi de nomenclature sans principes arrêtés et certains.

Il m'aurait semblé plus rationnel de déterminer d'abord *le caractère du gracieux et du contentieux,* ensuite *l'essence judiciaire* et *l'essence administrative;* et après avoir énuméré, si on l'eût voulu, les cas d'attribution des divers tribunaux administratifs, déclarer par une disposition finale que *toutes les questions non attribuées par la présente loi à ces divers tribunaux devraient être portées devant les tribunaux civils et que les lois antérieures étaient abrogées.*

On a cherché dans le projet à compléter les matières les plus importantes et les plus usuelles, des *cours d'eau*, des *mines*, des *marais*, des *ateliers insalubres*, etc., etc. Ce but n'a pas été atteint, et on est tombé dans le grave inconvénient de mêler ce qui est de *compétence*, de *juridiction* et *d'instruction*, et de descendre à des détails qui doivent être réservés à des *règlements d'administration publique*.

II. Le projet ne dit point si on conserve ou si on détruit *la juridiction contentieuse des préfets*, juridiction qui a été le plus vivement attaquée.

Cette difficulté aurait dû être tranchée. De ce silence résultent des oublis de matières dévolues par plusieurs lois à cette juridiction spéciale.

Toutefois, il y a deux articles dont voici le texte :

« ART. 50. Toute décision d'un préfet, en ma-
» tière contentieuse, pourra être directement
» attaquée devant le ministre compétent, sauf
» recours devant le conseil d'état contre la déci-
» sion du ministre.

» ART. 76. Les décisions des préfets, en ma-

» tière contentieuse, lorsqu'elles seront attaquées
» pour cause d'incompétence, pourront, au lieu
» d'être déférées au ministre dans les attributions
» duquel l'affaire sera placée, être l'objet d'un
» recours direct devant le conseil d'état. »

Evidemment, dans ces deux articles, on n'a
pas voulu parler des cas spéciaux dans lesquels
des lois particulières attribuent juridiction aux
préfets, sauf recours direct devant le conseil
d'état. On s'est alors servi d'une locution vicieuse
qu'on devait bien se garder de consacrer dans
une loi nouvelle ; en matière contentieuse ordinaire, les préfets ne rendent pas de *décisions* ,
ils ne font que des *actes d'instruction* (1). Les
ministres seuls jugent, et leurs décisions peuvent
être attaquées devant le conseil d'état.

L'article 76 semble restrictif et ne paraîtrait
admettre le recours contentieux que pour excès
de pouvoir en matière contentieuse , tandis qu'il
est de principe généralement admis que l'excès

---

(1) Je crois avoir démontré ce principe *infrà*, à mon § *du
Langage administratif*, et dans mon ouvrage, au livre *de la
Juridiction*.

de pouvoir, même en matière gracieuse, donne lieu au recours direct devant le conseil d'état.

III. Le chapitre 2 du titre 2 est ainsi intitulé : *Matières contentieuses soumises à la juridiction du conseil d'état.*

Sous cette rubrique, il semblerait qu'on dût lire une nomenclature complète des attributions contentieuses du conseil, ou du moins des principes déterminant le caractère variable et contesté du contentieux administratif.

On ne lit ni nomenclature, ni principes ; six articles sont consacrés à désigner les juridictions qui devront ressortir du conseil d'état.

Et comme si on s'était repenti de cet oubli très-grave, au titre 5 du projet, sous la rubrique de *l'organisation du conseil d'état et de la* FORME DE SES DÉLIBÉRATIONS, on trouve une section 6 qui ne porte pas d'intitulé dans l'épreuve qui m'a été communiquée (1), et dans laquelle on lit un article 218, ainsi conçu:

---

(1) J'ai dû cette communication à l'honorable M. VIVIEN, dont le conseil d'état doit vivement regretter l'éloignement momentané. Cet homme d'état était le digne successeur des ALLENT, des BERENGER, etc., etc.

« Seront instruites et jugées comme affaires
» contentieuses, 1° toute contestation sur les
» matières dont la connaissance est attribuée au
» conseil d'état, dans le chapitre 2 du titre 2 de
» la présente loi ;

» 2° Toute réclamation contre une ordon-
» nance du roi ou un arrêté ministériel contenant
» décision particulière et applicable au récla-
» mant, lorsque ladite ordonnance ou ledit arrêté
» seront attaqués par l'un des motifs suivants :

» Violation de la loi ou d'un règlement général,

» Violation des formes,

» Infraction aux conditions d'une convention,

» Incompétence ou excès de pouvoir ;

» 3° Toute contestation entre deux parties pri-
» vées sur la validité d'une ordonnance ou d'un
» arrêté ministériel contenant décision particu-
» lière.

» S'il n'y a pas de contestation sur la validité de
» l'ordonnance ou de l'arrêté, mais seulement sur
» l'exécution de l'un ou de l'autre de ces actes,
» ladite contestation sera d'abord soumise au mi-
» nistre ou à l'administration inférieure chargée de

» l'exécution, sauf recours de la décision de l'ad-
» ministration inférieure au ministre , et de la dé-
» cision du ministre au conseil d'état. »

Il est facile de s'apercevoir que cet article qui
est presque fugitivement placé à la fin de la loi,
contient seul des principes plus ou moins vrais,
plus ou moins rationnels , plus ou moins applicables.

Je ne crains pas de dire que pour être compris , ces principes auraient nécessité un plus
long commentaire que toute la législation exis-
tante.

Analysons ces articles.

Le § 1er était inutile.

Qu'a-t-on voulu dire dans les § 2 et 3 ?

C'est probablement d'un déclassement de matières que le projet veut parler ; la matière de
GRACIEUSE deviendra *contentieuse,* si une loi ou un
règlement général ont été violés, si *des formes*
indiquées (sans doute par une loi ou par un règlement général) ont été méconnues , ce qui revient à ceci, si *au fond* ou *dans la forme,* une
loi ou un règlement général n'ont pas été obser-
vés ; ou en d'autres termes , il n'y aura que les

questions de fait qui ne pourront pas être dénon-
cées au conseil d'état par voie contentieuse. Mais,
tout acte du pouvoir exécutif pourra donc être
critiqué, si le pourvoi présente à juger en la
forme ou au fond une question de droit. Est-ce
bien ce qu'on a voulu dire ?

L'incompétence ou *l'excès de pouvoir* font aussi
rentrer toute décision dans le contentieux administratif. C'était une règle admise, mais seulement pour l'administration active au premier
chef et non pour les actes du pouvoir exécutif pur.

A-t-on voulu aller aussi loin ?

Restent encore ces deux cas,

1° *Infraction aux conditions d'une convention ;*

2° *Toute contestation entre deux parties privées
sur la validité d'une ordonnance ou d'un arrêté
ministériel contenant décision particulière.*

On a déjà lu dans l'article 74, « que le conseil
» d'état connaîtrait par appel des décisions des
» ministres dans les cas prévus par le chapitre 2
» du titre 1er et dans tous les autres où les minis-
» tres auront statué *en matière contentieuse.* »

A-t-on voulu définir dans l'article 218 ce qu'on

devrait entendre par *affaires contentieuses* jugées par les ministres. *Non erat hîc locus ;* mais si on l'a voulu , l'a-t-on fait ?

Ces mots *infraction aux conditions d'une convention et toutes contestations,* etc., ne sont-ils pas tellement vagues qu'une loi de cette nature rejetait plus loin le positif de la science, en matière de compétence, qu'elle ne l'est aujourd'hui ?

De quelle nature devaient être ces *conventions?*

Qu'entendait-on par ces mots : *Arrêté ministériel contenant décision particulière?*

Pour que ces diverses expressions eussent une portée, il fallait qu'elles fussent la consécration d'une idée nouvelle, d'un principe nouveau, d'une prescription autre que celles indiquées au titre 2 du chap. 2 du projet de loi.

Je m'arrête, car on critique un *projet de loi,* on ne le *commente* pas.

Le 15 mai 1833, le garde des sceaux (M. BARTHE) présenta un projet de loi, en vingt-quatre articles, comprenant et l'organisation et la déclaration des attributions du conseil d'état.

Ce projet, évidemment, n'était qu'une satisfac-

tion accordée à l'opinion accréditée depuis vingt
ans, qu'une loi devait organiser et fixer les attributions du conseil d'état. Dans ce projet, pas une
innovation ; l'art. 9 seul était relatif aux attributions contentieuses ; il était ainsi conçu : «Le con-
» seil d'état connaît, 1° des conflits de juridiction
» entre l'autorité administrative et l'autorité judi-
» ciaire; 2° des règlements de compétence entre
» les autorités administratives ; 3° des recours di-
» rigés pour incompétence ou excès de pouvoir
» contre les décisions des autorités administratives;
» 4° des recours dirigés pour violation des formes
» ou de la loi, contre les décisions contentieuses
» des autorités administratives statuant en dernier
» ressort ; 5° de tous les recours dirigés contre
» les décisions contentieuses des autorités adminis-
» tratives , qui ressortissent immédiatement au
» conseil d'état; 6° de toutes les affaires du con-
» tentieux administratif dont la connaissance lui
» est directement attribuée par les lois et règle-
» ments. »

De quelle utilité était cet article? Il ne conte-
nait pas un mot qui ne fût écrit dans les lois existantes. Si on voulait absolument une loi qui re-
connût le conseil d'état, il fallait se contenter d'un
article unique : *Le conseil d'état est reconnu.*

Ce projet de loi fut, à la chambre des pairs, renvoyé à une commission (1) qui chargea M. le comte Portalis de rendre compte à la chambre du résultat de ses travaux.

Dans un rapport du 25 janvier 1834 (2), qu'il ne m'est pas permis d'analyser, parce que tout y est substantiel, le savant magistrat qui, placé à la tête de la première magistrature de France, jouit d'une complète indépendance pour apprécier et juger les conditions de vitalité du pouvoir exécutif et l'étendue des droits d'action de l'administration, a passé en revue toutes les questions soulevées depuis vingt ans et les a toutes résolues. *Nécessité, utilité, constitutionnalité, légalité* du conseil d'état amovible, telles sont les propositions que M. le comte Portalis a démontrées avec un talent d'écrivain qui donne un charme véritable à la matière la plus sérieuse. Je ne puis résister au désir de faire

---

(1) Cette commission était composée de MM. le chevalier ALLENT, le comte BERENGER, GIROD DE L'AIN, le baron MOUNIER, le comte PORTALIS, le comte ROEDERER, le baron SYLVESTRE DE SACY, le comte SIMÉON, et le baron ZANGIACOMI.

(2) Moniteur du 26 janvier 1834.

une seule citation qui justifiera mon admiration pour un si beau travail.

« En décomposant le pouvoir exécutif, on voit
» qu'il comporte deux grandes divisions : la direc-
» tion des affaires politiques proprement dites ou
» le *gouvernement,* et le règlement intérieur de la
» cité ou l'*administration.* L'administration est su-
» bordonnée à l'action du gouvernement; elle est
» l'alliée et l'auxiliaire du pouvoir judiciaire; c'est
» le gouvernement même appliqué aux diverses
» localités et descendant jusqu'aux individus; car
» elle embrasse les relations de chaque citoyen
» avec la société tout entière, et de la société avec
» chaque citoyen; aucun des rapports de l'ordre
» public avec les personnes et les propriétés ne lui
» est étranger. Elle a l'intendance des intérêts do-
» mestiques du pays; elle y entretient la paix,
» l'ordre, l'abondance. Toute paternelle de sa na-
» ture, elle va au bien avec moins de formalités
» que la justice; elle procède simplement et briè-
» vement comme un bon père de famille : c'est
» parce qu'elles lui en supposent l'esprit, j'allais
» presque dire les affections, que les lois laissent
» beaucoup de choses à son arbitrage; elle pro-
» tège et maintient tous les intérêts communs et
» collectifs.

» . . . .

» La sagesse conseille de ne procéder que pro-
» gressivement à l'amélioration des lois et aux per-
» fectionnements sociaux. Il ne faut ébranler ni
» mettre en question le *tout de rien,* pour parler
» comme Montaigne : C'est à faire au temps, et il
» ne s'en acquitte que trop bien. »

Le 20 février 1835, le garde des sceaux (M. PERSIL)
proposa à la chambre des députés le projet adopté
par la chambre des pairs. Dans l'exposé des motifs,
le ministre, partageant les idées de M. le comte Portalis sur la difficulté et le danger d'une codification
administrative officielle, ajoutait : « Nous regarde-
» rions comme une haute imprudence d'essayer en
» une seule fois ce prodigieux travail. Il dépasse-
» rait les forces humaines, en même temps qu'il
» énerverait les ressorts de l'administration (1). »

Le 11 avril suivant, la commission de la chambre
des députés, par l'organe de son rapporteur
(M. LACAVE-LAPLAGNE), conclut au rejet du projet,
précisément parce qu'il n'y avait pas de détermi-
nation spéciale des attributions du Conseil.

---

(1) Voy. *suprà*, pag. lxiv, les observations de MM. VATOUT
et DALLOZ.

Le 7 janvier 1837, le garde des sceaux (M. Persil) présenta le même projet à la chambre des députés.

Le 30 juin suivant (1), la commission de la chambre (2), par l'organe de son rapporteur (M. Vatout), proposa de créer une section de justice administrative, et d'accorder néanmoins au conseil du roi un droit d'évocation presque absolu devant le conseil en assemblée générale (art. 31) ...

Le 5 janvier 1839, le garde des sceaux (M. Barthe) proposa de nouveau à la chambre des députés le projet de 1835.

Le 18 septembre 1839, le garde des sceaux (M. Teste), désireux d'attacher son nom à une organisation complète du conseil d'état, et prévoyant sans doute les nombreuses difficultés que les projets futurs auraient à surmonter dans les deux chambres, obtint du roi une ordonnance qui réunit en un seul corps les dispositions éparses dans plusieurs règlements. M. Teste motiva ainsi son exposé :

----

(1) Moniteur du 2 juillet 1837, supplément C au n° 183.

(2) Cette commission était composée de MM. Edmond Blanc, Thil, le baron Tupinier, Vatout, de Guizard, Cormenin, Odilon-Barrot, Kératry et Charamaule.

« Depuis 1831, les chambres ont été plusieurs
» fois saisies de propositions de lois relatives au
» conseil d'état. Deux rapports lumineux à la
» chambre des députés, et une discussion appro-
» fondie dans le sein de la chambre des pairs, n'ont
» encore amené aucun résultat. Un nouveau projet
» sera présenté dans la session prochaine. Mais
» avant qu'il soit converti en loi, il s'écoulera
» trop de temps pour que Votre Majesté veuille
» subordonner encore à ces retards des améliora-
» tions qui peuvent être pratiquées, dès aujour-
» d'hui, avec avantage pour le bien du service.
» L'épreuve même que ces améliorations auront
» subie d'ici à l'adoption d'une loi, qui devra les
» reproduire et les consacrer, servira utilement à en
» éclairer la discussion. On appréciera les résul-
» tats obtenus, on jugera des innovations éprou-
» vées. Heureuse la législation qui se fonde sur une
» expérience toute faite ! »

M. TESTE s'était engagé à proposer un projet de
loi; aussi, le 1.er février 1840, ce projet fut-il présenté à la chambre des députés. Ce projet n'est que
la reproduction de celui qui déjà deux fois avait
été porté à la chambre.

M. DALLOZ, dont l'expérience et la maturité de

jugement étaient d'un heureux présage, fut nommé rapporteur de la commission (1).

Dans son rapport fait avec une très-grande habileté, écrit avec simplicité et élégance, mon ancien et honorable confrère a cherché constamment à dissimuler les difficultés qui surgissaient à chaque phrase sous sa plume prudente et cependant réformatrice. Il a voulu modifier la pensée par l'expression. Les conséquences ont été présentées de la manière la plus séduisante pour voiler les véritables résultats de la dangereuse innovation proposée. Il serait impossible de signaler des contradictions dans le rapport du savant jurisconsulte. La partie artistique de ce travail est vraiment remarquable.

Mais en réalité, et ce n'est pas le fait du rapporteur, c'est le fait de la majorité de la commission, les contradictions sont flagrantes, les conséquences sont déplorables, l'anarchie administrative ressort d'un examen attentif, l'équité est blessée... Je vais essayer quelques critiques qui paraîtront

(1) Cette commission était composée de MM. MARTIN DU NORD, DE SALVANDY, DE TOCQUEVILLE, HEBERT, ISAMBERT, ODILON BARROT, DALLOZ, GUILHEM et DUBOIS.

bien pâles en la forme, si on les compare à l'enveloppe donnée si adroitement au projet de 1840 par l'interprète de la commission de la chambre.

La commission propose la création d'un tribunal administratif supérieur composé de membres *presqu'inamovibles* choisis parmi les membres les plus anciens du conseil d'état.

Pourquoi cette *quasi inamovibilité?* Si un tribunal administratif, spécial, indépendant, est utile, il faut lui donner une forte organisation, il faut qu'il obtienne l'honneur de l'entière inamovibilité (1); si ce tribunal offre des dangers, il ne faut pas le créer (2); et si les membres de ce tribunal sont choisis parmi les conseillers d'état les plus anciens, le gouvernement sera privé, dans ses conseils, de ceux dont l'expérience lui serait le plus utile.

Dans le projet de la commission, on admet un recours possible du tribunal administratif composé de membres presqu'inamovibles, devant un

---

(1) *Il faut mettre* COURAGEUSEMENT *la main à l'œuvre*, comme disait M. de Broglie, en 1828, p. 120.

(2) Au paragraphe précédent, j'ai examiné les inconvénients immenses d'un semblable tribunal.

conseil d'état tout entier amovible. On permet à
ce conseil d'annuler pour des motifs nombreux
(et d'ailleurs ses décisions ne seront soumises à
aucun contrôle) les *arrêts* du tribunal administratif.

Mais, si de la rivalité entre ces deux parties
d'un même corps autrefois homogène, il naît un
conflit, ou le tribunal administratif ne sera plus
qu'un simulacre de tribunal, ou l'opinion publique
forcera le conseil d'état à se dessaisir de son droit
de révision.

Un autre inconvénient, qui n'est pas un des
moins graves, c'est qu'il n'y aura plus de jurisprudence uniforme en matière administrative. Le tribunal administratif aura la sienne, et le conseil
d'état en adoptera une autre. Qu'on ne dise pas que
le conseil d'état, non pas tribunal, mais réforma-
teur supérieur, produira l'unité de doctrine, et
remplira le rôle de la cour de cassation pour la
justice ordinaire. Cela n'est pas exact, parce que
les recours ne pourront être formés que par l'état,
qui, dans beaucoup de cas, ne se trouvera pas assez
intéressé pour soumettre la discussion au conseil
d'état. Il pourra peut-être avoir intérêt, dans certaines circonstances, à faire exécuter la décision du

tribunal administratif, quoiqu'elle soit contraire à la jurisprudence du conseil.

La commission accorde au conseil le droit de juger au fond, après que la cassation a été prononcée.

Ainsi, non-seulement voilà un conseil consultatif qui casse les décisions d'un tribunal, anomalie qui répugne à la raison ; mais ce conseil à qui on refusait l'impartialité nécessaire pour pouvoir juger le contentieux administratif, acquiert par le seul fait de la cassation, qui annonce la lutte entre deux corps, dont l'un présente des garanties dans le système de la commission, et dont l'autre n'en présente pas de suffisantes, acquiert la prérogative immense de juger le fond et d'absorber ainsi toute l'autorité du tribunal créé pour atténuer ses pouvoirs (1).

---

(1) C'est à tort que M. le rapporteur a invoqué le précédent de la cour des comptes, voyez *infra* notre § *du Langage administratif*; et d'ailleurs, en quoi la cour des comptes, qui n'a que des chiffres à apprécier et qui n'exerce en réalité qu'un contrôle d'examen sur les comptables sans pouvoir toucher aux ordonnancements, peut-elle être comparée à un tribunal appelé à décider chaque jour des questions de fait et de droit ? Devant cette cour,

Jamais création plus anormale n'avait été présentée aux législateurs, depuis cinquante ans...

Enfin, comme si ce projet devait offrir les règles de procédure les plus extraordinaires, les plus inusitées, les plus contraires à l'expérience de tous les temps, voici ce qu'on lit dans l'article 36.

« Les arrêts de la section du contentieux peu-
» vent être déférés à l'assemblée générale du con-
» seil d'état, mais seulement pour incompétence,
» excès de pouvoir, omission des formes ci-après
» déterminées et violation expresse de la loi.

» Ce recours n'appartient qu'à l'état. Il est sus-
» pensif. Il doit, à peine de déchéance, être dé-
» posé au secrétariat général dans le délai d'un
» mois, à compter du jour de la prononciation de
» l'arrêt, et contenir l'indication des moyens sur
» lesquels il est fondé. Dans le mois qui suit le
» dépôt du recours, les parties intéressées peu-

la décision est le résultat de calculs mathématiques, tandis que devant les juridictions administratives contentieuses, l'appréciation du fait controversé et de ses conséquences est l'objet principal des délibérations ; ces raisons de différence n'ont pas besoin d'être développées.

» vent en prendre communication et intervenir,
» comme il sera dit ci-après. »

M. Dalloz justifie cette étrange disposition en
ces termes :

« Pour terminer l'exposé du travail de la com-
» mission en ce qui touche la section du conten-
» tieux , il reste à parler des articles 36 et 37 ,
» par lesquels votre commission vous propose
» d'ouvrir au gouvernement le droit de déférer
» à l'assemblée générale du conseil d'état les
» arrêts de la section du contentieux pour incom-
» pétence , excès de pouvoir, violation des for-
» mes ou de la loi. Déjà votre commission a eu
» occasion de montrer par quel sentiment de
» sollicitude pour les prérogatives du pouvoir elle
» avait été amenée à proposer ce recours qu'elle
» a dû réserver à l'état seul , parce que c'est la
» tutelle de ses intérêts qui en a inspiré la pensée,
» et non celle des droits privés , qui ne doivent
» pas chercher leur protection ailleurs que dans
» l'institution de la juridiction déléguée à la section
» du contentieux. Votre commission ne s'est pas
» arrêtée ici au principe de la réciprocité ni à
» l'exemple de la cour des comptes , dont les
» arrêts peuvent être déférés au conseil d'état

» par les parties intéressées aussi bien que par le
» gouvernement lui-même. La cour des comptes
» ne forme en général qu'un premier et unique
» degré de juridiction (1), tandis que la section
» du contentieux est presque toujours un second
» et quelquefois un troisième degré. Votre com-
» mission n'a pas dû céder non plus à un faux
» semblant d'égalité, en autorisant un recours
» stérile pour les parties et uniquement propre à
» faire dégénérer en une voie habituelle de re-
» cours, une garantie extraordinaire qu'une haute
» nécessité politique a fait établir en faveur de
» l'état. »

Que d'erreurs et de sophismes dans ces quelques lignes !

*Les droits privés ne doivent pas chercher leur
protection ailleurs que dans l'institution de la juridiction déléguée à la section du contentieux.*

Et le projet permet au conseil d'état de casser
et de juger AU FOND !..

*Le recours au profit des parties et de l'état sera
un faux semblant d'égalité.*

---

(1) Voy. *suprà*, pag. lxxxiij, mon observation sur la cour des
comptes.

Jamais égalité ne m'a paru plus évidente.

Ce recours est une garantie extraordinaire qu'une haute nécessité politique a fait établir en faveur de l'état.

Ainsi, la loi abrogée permettait la demande en révision de la part des parties, et on leur enlève ce recours. L'arrêt, car ce sera maintenant un arrêt, aura été rendu par deux conseillers, ne sera pas motivé, violera la loi ...., et les particuliers seront forcés de respecter l'iniquité ; tandis que l'état, s'il s'y croit intéressé, fera prononcer la cassation d'un arrêt motivé et rendu par le nombre de juges voulu.

Et en repoussant cette innovation comme un funeste bienfait, je cède à un *faux semblant d'égalité ! !*

Il y a plus encore : la commission n'a pas voulu que le recours de l'état fût notifié aux parties intéressées, qui apprendront en même temps le *recours*, la *cassation* et la *condamnation au fond* ....

Voici comment est motivée cette nouvelle innovation, contraire à toutes les notions du droit.

« De deux choses l'une ; ou bien les parties au-
» ront été représentées par un avocat devant la
» section du contentieux, et ce défenseur sera
» nécessairement appelé à continuer son minis-
» tère pour le cas d'un recours qu'elles savent
» être reservé à l'état ; ou bien les parties n'au-
» ront pas fait choix d'un défenseur devant la
» section du contentieux, et *l'on est autorisé à*
» *en conclure qu'elles n'entendent pas non plus se*
» *faire représenter devant l'assemblée générale.* La
» notification n'est donc pas nécessaire. »

Et si l'avocat est malade, absent, ou mort !..

Et si la partie a eu confiance en vos juges quasi
inamovibles que vous regardez comme un tribunal
offrant de si grandes garanties !

J'en ai assez dit, parce qu'il serait trop facile
de multiplier les objections.

Je termine, enfin, ma critique du malencontreux projet de la commission de 1840, en ré-
pondant à une observation toute politique et aussi
dangereuse que le fond du projet lui-même.

M. le rapporteur invoque l'*opinion publique* (1),

---

(1) Page 28.

dans une matière à peine connue d'un petit nombre de publicistes ; cette matière est encore un mystère pour l'immense majorité, qui sans doute peut seule constituer une *opinion publique* à laquelle doivent céder les gouvernements sages et prudents. Il veut inspirer la crainte d'une révolution (1), quand il dit :

« La majorité de la commission répond qu'elle
» ne propose point une réforme, mais une modi-
» fication salutaire, qui peut seule prévenir la ré-
» forme radicale, au profit des tribunaux, des
» attributions du conseil d'état en matière conten-
» tieuse. »

J'ai démontré que le projet était une *réforme radicale* ou une innovation inutile ou dangereuse.

Mais comment peut-on chercher à inspirer des craintes sur notre organisation politique, en laissant croire qu'il se trouvera au sein des deux chambres des majorités assez insensées pour enlever au pouvoir exécutif ses attributions les plus nécessaires, son énergie, sa force, son unité ; dans ces chambres qui, au moment le plus rapproché de

_____

(1) Page 27.

l'incandescence novatrice de 1830, ont consigné, sans réserves, dans plusieurs lois, la compétence du conseil d'état ?

A qui fera-t-on craindre qu'une loi vienne dépouiller le pouvoir exécutif, *au profit*, *dit-on*, *du pouvoir judiciaire ?* Singulier *profit!* Ce serait mutiler le principe organisateur de l'assemblée constituante, en détruisant l'équilibre des pouvoirs ; ce serait, dans un temps donné, produire une réaction dont le pouvoir judiciaire pourrait être la victime : 1789 est-il donc à plusieurs siècles de notre époque ?

Je crois avoir démontré que le projet de la commission de 1840 doit être soumis à une refonte totale, et que tous les efforts de plusieurs hommes instruits, surtout dans la science du droit civil, n'ont produit qu'une théorie qu'il ne serait pas permis de réaliser sans bouleverser l'organisation sociale. Je me serais attaché aux détails, si j'avais pu penser que ce projet dût être soumis devant les chambres à une discussion sérieuse (1).

_____

(1) Au moment où j'allais faire mettre sous presse mon introduction, j'ai reçu l'écrit de mon honorable collègue de Dijon, M. SERRIGNY. Il est impossible de dire plus de

De ces oscillations, de cette indécision décennale, des discussions mêmes qu'ont provoquées les

---

choses que n'en renferme ce travail. Cette production se distingue par la profondeur des pensées, la concision du style, la chaleur du raisonnement. Le professeur de droit administratif de Dijon repousse avec énergie la prétendue amélioration qu'il regarde comme une calamité. Le projet de la commission lui paraît ANARCHIQUE et INCONSÉQUENT (*), UNE OEUVRE DE DÉMOLITION (**).....

M. Serrigny, en athlète vigoureux, prend corps à corps le projet de la commission, et ne l'abandonne que lorsqu'il lui a enlevé la force morale de l'utilité et de l'opportunité.

Il termine enfin en disant : « Le projet substitué par la com-
» mission est *une des plus dangereuses propositions que l'on*
» *puisse soumettre à nos assemblées législatives, proposition*
» *d'autant plus grave qu'elle n'est pas à la portée de l'intelli-*
» *gence d'un grand nombre de personnes.* Ce projet aurait pour
» résultat de détacher de l'administration la décision du conten-
» tieux qu'elle fait naître, attribut qui doit en être inséparable.
» Il ferait passer dans le pouvoir judiciaire une des prérogatives
» que l'art. 12 de la charte donne à la couronne. Il subordonne-
» rait la puissance exécutive à un tribunal judiciaire souverain,
» et détruirait, par là même, l'indépendance du pouvoir exé-
» cutif et la responsabilité ministérielle, en rendant les ministres
» justiciables d'un corps pris en dehors de la constitution. Il
» compliquerait la hiérarchie administrative d'un rouage inutile

(*) Page 5.
(**) Page 6.

divers projets de loi, je conclus qu'une loi est complètement inutile pour dire : *le conseil d'état existe*. L'organisation de ce conseil ne concerne

---

» et dangereux qui entraînerait des lenteurs préjudiciables à la
» marche des affaires. Il dénaturerait le caractère de la juri-
» diction exercée par le roi en conseil d'état, et qui, par le
» mélange du droit de grâce avec la haute décision du conten-
» tieux administratif, lui permet de corriger la rigueur exces-
» sive de la législation répressive des contraventions de grande
» voirie. Il crée un corps indépendant, qui deviendra, ou un
» servile instrument du pouvoir et un danger pour les droits des
» citoyens, ou une puissance envahissante des attributions de
» l'administration active et des tribunaux ordinaires, et, dans
» tous les cas, un élément de collisions fréquentes et de per-
» turbations dans l'état.

» Quand l'émeute descend dans les rues et sur les places
» publiques, on n'a pas besoin d'avertir les citoyens paisi-
» bles des dangers auxquels ils sont exposés. Tout le monde
» voit le péril et accourt pour le faire cesser. — Mais
» quand le DÉSORDRE et l'ANARCHIE se formulent en projets
» de lois émanés d'hommes éminents, investis de la confiance de
» leurs concitoyens, mais trompés par leurs préjugés, c'est le
» devoir de ceux qui aperçoivent la portée de pareils actes, de
» donner l'éveil à l'opinion publique, et de signaler l'écueil qu'ils
» cachent. »

La chambre des députés voudra lire les observations de
M. Serrigny, et je suis convaincu d'avance qu'elles frapperont
l'esprit juste et loyal de son savant rapporteur.

que le pouvoir exécutif : quant à ses attributions, variées, multiples, elles reposent sur des principes incontestables et sur des textes précis. C'est la juridiction supérieure à toutes les autres juridictions administratives. Le temps n'est pas venu encore où le législateur pourra s'occuper de régler les attributions des tribunaux administratifs. On a reconnu que c'était œuvre périlleuse que de déterminer maintenant les limites des pouvoirs administratif et judiciaire.

M. Dalloz a parlé de *l'opinion publique*. *L'opinion publique* ne doit formuler des vœux, en pareille matière, qu'autant que les enseignements de la science ont pu l'éclairer. On s'arrête, trop souvent, à l'écorce des institutions. Il semblerait, en France, que notre beau pays n'ait pas l'avenir d'un siècle d'existence, et que les lois doivent suivre le mouvement de l'industrie ; qu'il faut les refaire et les perfectionner comme les machines à vapeur ou les métiers de tissage... La loi se perfectionne même sans le secours de la législation. C'est à la science, à la doctrine, à la jurisprudence à préparer les voies. Lorsque la politique et la presse auront, pour quelques années, renoncé à des théories impraticables, la doctrine, assurée qu'on ne lui contestera plus le point de départ de ses observations, constatèra ce qui est et ce qu'il serait mieux de faire. Les limites des deux pouvoirs, administratif et judiciaire, seront envisagées sous plusieurs points de vue différents. L'expérience aura pu sanctionner des principes reconnus ; et un jour la législation reflétera sûrement les véritables besoins de la société. Alors, mais seulement alors, on pourra dire : *Heureuse la législation qui se fonde sur une expérience toute faite* (1).

_____

(1) Paroles de M. Teste, dans son Rapport au roi de 1840.

VI. DU LANGAGE ADMINISTRATIF (1).

En pareille matière, les mots sont des choses.

M. le comte PORTALIS, *Rapport à la chambre des pairs*, p. 21.

Pour comprendre les choses, il faut être d'accord sur la signification des mots (2).

─────────────────

(1) Je n'ai pas voulu fatiguer l'attention de mes lecteurs en comparant, en rapprochant les divers passages des auteurs et des ordonnances qui attribuent des significations toutes différentes (*les mêmes auteurs et les mêmes ordonnances*), aux mots *Autorité administrative*, *Pouvoir administratif*, *Voie administrative*, *Arrêté*, *Recours*, *Pétition*, *Demande*, *Décision*, *Décision administrative*, etc., etc. La science n'y eût rien gagné; je me suis contenté de signaler les principales incorrections du langage administratif.

(2) « Il y a trop souvent manque de justesse ou de netteté, » dans les mots, ou dans la pensée.

» La confusion signalée, nous avons dû en rechercher la cause, » et par suite le principe qui pourrait la faire cesser.

» Toute classification du droit doit être assise sur une base com-

Nous trouvons dans le corps du droit romain
un titre *de verborum significatione*. C'était une sage
précaution que le législateur de nos codes français
a négligée (1). L'enseignement et la doctrine ont

» mune. Il peut y avoir différentes classifications , parce qu'on
» peut prendre des bases différentes. Chacune peut être juste ,
» étant renfermée dans sa sphère ; mais si on mélange les résul-
» tats , si on oppose l'un à l'autre ce qui appartient à deux ordres
» d'idées différentes, ce qui dérive de prémisses diverses ; alors
» naissent la confusion , le défaut de netteté et de rectitude. »
(ORTOLAN , p. 164.)

(1) M. ORTOLAN , dans l'introduction philosophique à son
Cours de législation comparée, p. 224 et suiv., a consacré un §
particulier à la *philologie*, dont M. GIRAUD, dans son excellente
Histoire du droit romain, a recommandé l'étude (*).

« Joignez-y surtout, a dit M. Ortolan , je ne saurais vous le
» recommander assez , la *philologie*, qui ne doit être rien moins
» que la philosophie historique du langage.

» On ignore trop communément les ressources précieuses de
» cette étude, qui souvent nous fait découvrir, d'une manière
» ineffaçable pour la mémoire , l'origine, l'essence, la condition
» des choses , résumées en quelques syllabes.

» Les romains faisaient un objet important de ce qu'ils appe-
» laient la question du nom (*quæstio nominis*); leurs grands ju-

----

(*) P. 54, 185, 297, etc., etc.

cherché à y suppléer; mais il est facile de concevoir qu'il a dû y avoir diversité d'explication des mots usuels. Toutefois, comme notre législation a été puisée en grande partie dans l'ancien droit, que le droit civil avait déjà son langage propre et sanctionné par de graves autorités, la science et la jurisprudence ont été promptement d'accord.

En matière administrative, l'absence de toute explication des mots, d'un vocabulaire légal, occasionne de sérieuses difficultés. Le langage des lois et des auteurs n'est que trop souvent inintelligible.

Voici comment M. Sirey a dépeint la mission du jurisconsulte qui veut se rendre un compte exact de la véritable signification des mots.

» risconsultes écrivaient soigneusement sur la signification des » mots (*de verborum significatione*).

» On peut voir quelle est la puissance de cet art ingénieux (*), » dans Vico qui n'entreprend rien moins que de retrouver par les » origines mêmes des mots, l'antique sagesse de l'Italie ; et dans » les écrits de Niccola Nicolini , que j'appellerai , sous ce rap- » port, son élève. »

(*) *De antiquissimâ Italorum sapientiâ ex linguæ latinæ orig ibus eruendâ, libri tres*; tom 2, p. 49 et suiv. (Tom. 1, p. 215 et suiv. de la traduction de M. Michelet.) — *De constantiâ philologiæ,* tom. 3, p. 178 et suiv.

« Nous autres, gens de loi (1), nous ressem-
» blons, dans les matières du droit, à ce grammai-
» rien qui, à chaque *mot*, semblait demander un
» *passeport*, pour savoir *d'où il venait et où il*
» *allait*. Lorsqu'une expression est adoptée ou in-
» troduite dans la langue des lois, et qu'elle est
» destinée à avoir un sens décisif, un effet obliga-
» toire, nous sommes obligés d'examiner rigou-
» reusement si le mot est *français*, selon la gram-
» maire des lois; que si l'expression est régulière ou
» usitée, il nous reste à en déterminer l'accep-
» tion, toujours bien rigoureusement dans le sens
» de la loi. »

On a désespéré pendant longtemps de la science
administrative, parce qu'on ne trouvait nulle part
le langage dont il était permis de se servir, et qu'en
demandant le *passeport* à chaque mot, selon l'expression si heureuse de M. Sirey, on ne pouvait
savoir d'où il venait et où il allait.

Je dois avouer qu'au milieu de mes travaux sur le droit administratif, mon plus grand
embarras a été de découvrir l'expression convenable pour rendre ma pensée. Je croyais être

(1) *Du Conseil d'état*, p. 108, n° 93.

certain que mes principes devaient produire des
résultats ; mais la démonstration me paraissait
d'une difficulté qui a failli me décourager. Je ne
suis resté maître du terrain, je ne me suis hasardé
à produire ma doctrine qu'après avoir créé un
langage spécial.

On me pardonnera cette hardiesse, lorsqu'on se
sera convaincu par la lecture des lois , des ordonnances et des auteurs , que les erreurs de la
doctrine ont pris leur source plutôt dans le vice
des expressions que dans les dispositions elles-
mêmes.

Je ne veux pas , dans cette introduction , justifier chacune des expressions dont je me suis servi ,
parce que ce serait répéter une partie de mon
livre , dans lequel j'ai tenu à donner une définition exacte des mots nouveaux, des *formules
nouvelles* que j'appelais en aide de l'exposition de
ma doctrine.

Je signalerai seulement, par forme de résumé,
ce que j'ai développé dans le corps de l'ouvrage ;
j'insisterai surtout sur les termes législatifs qui ont
contribué à faire naître le doute et l'incertitude.

I. Les mots *intérêt* et *droit*, *gracieux* et *conten-tieux*, sont corrélatifs.

Il me serait facile d'accumuler de nombreuses citations qui feraient ressortir la confusion qu'a dû produire l'emploi inopportun de chacun de ces mots ; sainement compris, ils forment la base de la compétence administrative.

On remarquera qu'au premier et au dernier anneau de cette grande chaîne de publicistes et de jurisconsultes qui se sont livrés à l'examen des théories de la science administrative, on trouve deux anciens avocats au conseil du roi et à la cour de cassation :

M. Sirey, qui, en 1818, fort de ses observations, posait la doctrine de l'*intérêt* et du *droit*, timide à cause de la nouveauté du système, redoutant une application trop exacte, trop sévère, et noyant dans des exceptions la règle qu'il avait créée (1);

M. Dalloz, esprit clair et méthodique, résumant, vingt ans après, la pensée du savant juris-

---

(1) *Du Conseil d'état*, pag. 121 et 426.

consulte , et ne permettant plus le doute sur sa
théorie (1).

Je ne discuterai qu'*un* article de loi pour prouver combien la véritable signification des mots
était peu familière aux premiers législateurs du
droit administratif.

L'article 40 du décret organique de la procédure devant le conseil d'état du 22 juillet 1806 ,
est ainsi conçu :

« Lorsqu'une partie se croira lésée dans ses
» *droits ou sa propriété* par l'effet d'une décision
» du conseil d'état rendue en matière *non con-*
» *tentieuse,* elle pourra nous présenter une re-
» quête, pour, sur le rapport qui nous en sera
» fait , être l'affaire envoyée , s'il y a lieu , soit

_____

(1) Rapport de 1840, p. 47 *et suprà*, p. LXIV.— M. MACAREL,
dans ses *Tribunaux administratifs*, p. 496 et suiv., a relevé avec
raison les erreurs dans lesquelles étaient tombés le ministre et le
commissaire du roi, M. CUVIER, en parlant de ces mots *intérêt*
et *droit* , et il ajoute : « Il n'est pas un avocat aux conseils, il
» n'est pas un conseiller d'état ou un maître des requêtes du
» comité du contentieux qui ne soit frappé de surprise à la lec-
» ture d'une telle doctrine. E   re dans quelles erreurs peut
» tomber un beau génie qui, (son habitude, n'a vu qu'un
» côté des choses. »

» à une section du conseil d'état, soit à une
» commission. »

Cet article pris à la lettre, il n'y a plus de
science administrative ; il n'existe pas de principes, l'arbitraire est la seule règle.

Comment les auteurs ne se sont-ils pas unanimement élevés contre une disposition dont l'application devait leur paraître impossible ? La raison de leur silence ne doit pas se chercher ailleurs
que dans l'absence d'un langage administratif.
On ne peut pas exprimer ses idées, lorsque les
mots nous manquent pour leur donner une forme
saisissable.

Tous les auteurs ont accepté cet article 40,
comme partie intégrante de la législation administrative (1).

---

(1) M. COTELLE, esprit, d'ordinaire, si judicieux, a fait l'application de cet article à une matière essentiellement contentieuse, *l'assèchement des mines*; il a donc commis, selon moi,
une double erreur (t. 2, p. 188, n° 25).

M. FOUCARD, t. 3, p. 353, n° 455, au sommaire, s'exprime
ainsi : *Du Recours par la voie gracieuse contre les décisions en*
MATIÈRE CONTENTIEUSE; et p. 376, voici comment il traite ce

M. DE CORMENIN, 1re et 2e édition, page 288, sous la rubrique de *la force et des effets des décrets*, cite l'article 40, et ajoute : « Il ne faut pas

---

même numéro : « Enfin, le conseil d'état peut connaître des re-
» cours exercés contre les décisions qu'il a rendues en matière
» NON CONTENTIEUSE. Aux termes de l'article 40 du décret du
» 22 juillet 1806, la personne qui se croit lésée par une de ces
» décisions peut se pourvoir par une requête au roi, qui, sur le
» rapport qui lui en est fait, ordonne, s'il y a lieu, le renvoi
» de l'affaire, soit à une section du conseil d'état, soit à une
» commission. Comme on le voit, il ne s'agit ici que d'un recours
» par la voie *purement gracieuse* dirigé contre un ACTE DISCRÉ-
» TIONNAIRE de l'administration ; par conséquent, il n'est assu-
» jetti à aucune forme rigoureuse, et le gouvernement est toujours
» libre d'y donner suite ou de considérer la pétition comme non
» avenue. »

Il me semble que M. Foucard démontre précisément le contraire de la proposition de son sommaire ; et il ne nous dit pas
comment il entend que l'autorité administrative puisse toucher
par la voie *discrétionnaire* à nos *droits* ou à notre *propriété*.

Dans ses *Éléments*, tom. 1er, pag. 35, n° 83, l'honorable
M. Macarel traduit ainsi l'art. 40 : « Les ordonnances royales,
» en matière purement administrative, réglementaire et de po-
» lice, ne peuvent non plus être attaquées devant le comité du
» contentieux. Si les parties se croient lésées par l'effet de l'une
» de ces décisions ou mesures, il y a lieu à se pourvoir en ré-
» vision dans la forme administrative. »

Pas un mot du *gracieux*, ou du *contentieux*, de la violation

» non plus se méprendre sur la qualification de
» matière *non contentieuse* qui se trouve dans
» l'article 40 , pour en conclure que ledit article
» n'est applicable que lorsque la matière est *pure-*
» *ment administrative.* L'article 40 a eu seulement
» en vue les décisions du conseil d'état rendues

des *droits* ou de la *propriété*..... Cependant ces expressions de
l'article méritaient au moins quelques explications.

M. LAFERRIÈRE, p. 913, après avoir littéralement transcrit
l'article 40, sous la rubrique de *juridiction de droit public*,
ajoute : « Le conseil exerce alors un droit analogue à celui qui
» lui est attribué sur tous les actes administratifs inculpés d'in-
» compétence ou d'excès de pouvoir. Seulement, à cause de l'au-
» torité dont l'acte émane et de la forme qu'il revêt , les parties
» intéressées présentent une sorte de *requête civile* à la royauté ,
» qui se repose sur le conseil d'état du soin de vérifier les faits. »

Je ferai observer que les pourvois pour excès de pouvoir, ou
incompétence , sont essentiellement contentieux, même quand il
s'agit d'un acte émané du pouvoir gracieux , ce qui tranche une
grande différence entre ces pourvois et le cas spécial dont semblait s'occuper l'art. 40 , à moins que M. Laferrière n'entende
parler d'un recours contentieux par ces mots *requête civile*. Car
s'il a voulu dire *requête respectueuse*, il faut aussi ajouter que
la royauté peut refuser , comme l'a dit M. Foucard , de confier
au conseil d'état le soin de vérifier les faits.

L'assimilation des deux matières ne me paraît donc pas satis-
faisante.

» sur des matières qui pouvaient être contentieu-
» ses en elles-mêmes, mais qui n'étaient point
» rangées dans les attributions assignées à la com-
» mission du contentieux par les décrets organi-
» ques des 11 juin et 22 juillet 1806. »

Sans revenir sur cette explication, M. CORMENIN,
3e édition, t. 1er, p. 84 ; 4e édition, p. 124 ; et
5e édition, p. 79, a donné de l'article 40 l'interprétation que voici : « L'application de cet ar-
» ticle est souvent réclamée par les parties en
» désespoir de cause.

» On appelait, en 1806, *matière non conten-*
» *tieuse*, les décrets qui, sur les rapports des
» ministres et l'avis d'une section du conseil
» d'état, étaient rendus en assemblée générale,
» sur des matières purement administratives, et
» notamment les décrets réglementaires sur les
» usines, fabriques, mines, desséchements de
» marais, établissements d'utilité publique, etc., etc.

» Si quelques dispositions de ces décrets, de
» ces règlements d'administration, venaient, dans
» leur exécution, à froisser l'intérêt ou à com-
» promettre d'une manière quelconque la pro-
» priété et le droit d'une partie, elle pouvait, et
» *elle peut encore aujourd'hui* s'adresser *direc-*

VIII

» *tement* au roi par voie de pétition, et deman-
» der la formation d'une commission spéciale
» pour faire examiner la validité de ses plaintes
» ou de ses réclamations. V. ordonnances des
» 11 décembre 1816 (Entreprises de literie mili-
» taire), 26 août 1818 (Vitalis Lurat); mais
» non par la voie contentieuse, 27 février 1836
» (Boone). Une ordonnance du 16 décembre
» 1835 (Barrière) alloue par la voie gracieuse
» une pension refusée par une ordonnance royale
» prise en matière contentieuse.

. » Ces commissions étaient composées ordinai-
» rement d'un conseiller d'état président, et de
» deux ou plusieurs maîtres des requêtes.

» Il y a peu d'exemples, depuis la restauration,
» que de semblables commissions aient été for-
» mées, malgré les nombreuses réclamations des
» parties qui se prétendaient lésées. V. ordon-
» nances des 22 février 1821 (Gamot) et 20 no-
» vembre 1822 (Remon).

» Les délais fixés par l'article 29 ne s'appliquent
» pas aux recours autorisés par l'article 40 du rè-
» glement. V. ordonnance du 10 septembre 1817
» (Corbineau).

» Le recours des parties contre les décisions du
» ministre de la justice, qui refuse de proposer
» au roi la formation de semblables commissions,
» ne saurait être admis par la voie conten-
» tieuse. V. ordonnance du 17 décembre 1823
» (Vanlerberghe).

» La raison en est que la formation de ces com-
» missions spéciales n'est pas obligatoire pour le
» gouvernement, mais de pure faculté. V. ti-
» tre 1er, chapitre 5.

» Les pétitions que les parties adressent direc-
» tement au roi sont répondues d'un simple renvoi
» au ministre compétent dont le secrétaire du
» cabinet donne avis par lettre au pétitionnaire.
» Le roi ne les juge pas, ne veut pas les juger
» et ne peut pas les juger. Les pétitionnaires ont
» l'ultime ressource de s'adresser aux chambres ;
» mais les chambres écartent les pétitions par l'or-
» dre du jour, soit parce qu'il s'agit d'arrêt du
» conseil passé en force de chose jugée, soit
» parce que les parties n'ont qu'à suivre leur
» action, s'il y a lieu, par voie administrative.
» V. au mot *Pétition.*

» Il faut ajouter qu'actuellement les pourvois

» introduits conformément à l'article 40 du règle-
» ment, sont renvoyés par le garde des sceaux
» au comité de législation et de justice adminis-
» trative faisant fonction de commission spéciale.

» La voie contentieuse est interdite aux parties
» dans le cas de l'article 40. Elle n'est ouverte
» qu'à ceux qui attaquent, soit une décision du
» conseil d'état prise de *l'avis du comité du con-*
» *tentieux*, soit un décret ou ordonnance rendu
» sur le rapport d'un ministre, sans l'interven-
» tion du conseil, non en matière générale et
» règlementaire, mais entre deux ou plusieurs
» particuliers, ou entre un ou plusieurs particu-
» liers et des communes ou corporations, ou l'état,
» et sur une matière contentieuse. V. ordonnances
» des 8 mai (inédit.) et 14 août 1822 (inédit.),
» 12 mai 1830 (West), et l'ordonnance Boone
» visée *suprà*. »

En 1806, comme en 1840, la lésion d'un *droit
de propriété* ou d'un *droit acquis*, a produit nécessairement le contentieux. Quand cette lésion a été
le résultat d'un acte administratif, ce contentieux
a dû être porté devant les tribunaux administratifs.

Je n'admets pas, comme M. de Cormenin paraît
l'indiquer, que l'acte administratif qui blesse les

droits de la propriété, en matière *d'ateliers insa-lubres de première classe, de mines, de marais,* etc., soit un acte du pouvoir gracieux. Cet acte produit le contentieux. L'art 40 est inapplicable.

Je cherche donc en vain les cas où l'application de cet article pourrait s'harmoniser avec les principes.

La matière est-elle gracieuse? Elle ne touche ni droit de propriété, ni droit acquis. Point d'application possible de cet article qui ne parle que des cas dans lesquels les droits ou la propriété ont été lésés.

La matière est-elle contentieuse? Si la décision a été rendue par défaut, l'opposition suffira pour obtenir justice, sans qu'on soit obligé de se réduire à *la requête civile* dont parle M. Laferrière. Si elle a été rendue contradictoirement, elle est irréfragable, et le roi ne peut pas confier au conseil d'état le soin de reviser les faits. Si le législateur avait voulu parler des cas dans lesquels une matière contentieuse aurait été déclassée, c'est-à-dire déclarée gracieuse par un article de loi, il eût dit, non pas *par l'effet d'une décision rendue en matière non contentieuse,* mais par l'effet d'une décision rendue en matière contentieuse, déclarée gracieuse par la loi; car la loi seule peut enlever à une matière son caractère de contentieux (1).

M. DE CORMENIN semble invoquer diverses ordonnances du conseil d'état, qui auraient fait l'application de l'art. 40 (2).

Je n'en persiste pas moins à penser que cet article doit être rejeté de la législation administrative, comme incompatible avec les principes admis par ce conseil lui-même. J'examinerai les arrêts cités et quelques autres à mon chapitre *de la Juridiction* (3), et l'on verra que le conseil d'état, au lieu de juger, a renvoyé à se pourvoir; en présence des termes de l'article 40, il était difficile qu'il en fût autrement. C'est aux ministres à ne jamais accorder, par la voix gracieuse, l'application de cet article.

(1) J'ai développé longuement cette pensée à mon titre II, n°⁵ 93 et suiv.

(2) Dans la préface de son *Recueil de Lois* de 1821, p. xxiv, M. ISAMBERT cite cet article qui permet, selon lui, de créer des commissions pour statuer sur des questions contentieuses. Mais je dois ajouter que ce publiciste critique ce mode de procéder.

(3) J'ai aussi consacré, à mon titre *du Contentieux*, une section particulière à l'examen des ordonnances pouvant blesser des droits, ou des droits acquis, et j'ai indiqué le mode d'action qui était ouvert à ceux qui n'avaient pas été légalement avertis.

II. Il serait trop long de discuter, comme je viens de le faire pour l'article 40 du règlement de 1806, chacune des expressions incorrectes que nous offre la législation administrative ; je ne veux consacrer qu'un paragraphe de mon introduction à ces observations, dont on pourra néanmoins comprendre l'importance.

J'ai pensé que les principes dominaient toute la compétence administrative. Je dirai seulement que je n'ai tenu aucun compte des locutions vagues et obscures dont je vais donner la nomenclature, sans parler même des matières auxquelles elles appartiennent (1) :

---

(1) Voici, dans l'ordre chronologique, les divers décrets, lois et ordonnances que j'ai dû rapprocher dans un ordre logique.

Loi du 3 nivôse an VI, art. 45.....	V, 2° (').
Arrêté du 13 prairial an X, art. 8...	II, 4°.
Loi du 30 floréal an X, art. 4......	III.
Arrêté du 27 frimaire an XI.......	VI, 1°.
Loi du 9 floréal an XI............	VI, 6°.
Loi du 14 floréal an XI...........	II, 3°.
Arrêté du 6 nivôse an XI.........	II, 1° et 2°.
Code civil, art. 910............	I.

(') Ces n°* indiquent l'ordre dans lequel j'ai placé ces décrets, lois, etc., p. cxj et suiv.

I. ... elles seront autorisées par un *arrêté du gouvernement*. (Code civil , art. 910.) (1)

Loi du 22 avril 1806 , art. 21.......	VI , 12°.
Décret du 18 mai 1806 , art. 15....	V, 10°.
Loi du 16 septembre 1807, art. 24. .	VI , 2°.
Loi du 16 septembre 1807, art. 27...	V, 1°.
Décret du 17 mars 1808, art. 58 et 82.	VI , 8° et 11°.
Décret du 18 mai 1808 , art. 42	VI , 12°.
Décret du 30 décembre 1809, art. 97.	VI , 7°.
Décret du 15 octobre 1810 , art. 12..	VII , 2°.
Décret du 15 octobre 1812 , art. 18..	VII , 1°.
Avis du conseil d'état du 7 juil. 1813.	VI , 5° et XI.
Avis du conseil d'état du 8 nov. 1813.	VI , 4°.
Loi du 23 septembre 1814 , art. 20. .	VI , 9°.
Ordonnance du 11 juin 1816, art. 2.	VI , 3°.
Ordonnance du 23 déc. 1816 , art. 7.	III.
Ordonnance du 2 avril 1817, art. 15.	X.
Ordonnance du 31 octob. 1821, art. 28.	IX.
Code forestier, art.152,153,154 et 155.	II, n°⁵ 5, 6, 7 et 8.
Ordonnance du 4 mars 1831 , art. 2.	IV.
Loi du 7 juillet 1833 , art. 11.......	VIII.
Loi du 18 juillet 1837, art. 50......	V, 3°.

(1) Edition officielle de 1804. Voici l'observation que M. Duvergier, t. 37, p. 248 , a placée sous l'art. 48 de la loi du 18 juillet 1837 : « L'art. 910 du code civil exige *une ordonnance* » *royale*. Telle est du moins la rédaction officielle de 1816; mais, » dans l'origine, le code civil *disait un arrêté du gouvernement*. » On a voulu s'appuyer sur ces termes pour prétendre qu'en per-

II. 1° ...*sauf le recours au gouvernement* (1) en cas de contestation. (Arrêté du 6 nivôse an XI, art. 10.)

2° ... réglés par les conseils de préfecture... *sauf la confirmation du gouvernement.* (Arrêté du 6 nivôse an XI, art. 9.)

3° ...sauf le *recours au gouvernement qui décidera en conseil d'état.* (Loi du 14 floréal an XI, art. 4.)

4° ...sans que le *recours au gouvernement* puisse la suspendre... La liquidation y sera jugée (au con-

---

» mettant que l'autorisation d'acceptation fût donnée dans cer-
» tains cas, par arrêté du préfet, on ne dérogeait pas à l'art. 910,
» attendu que le préfet est un *agent du gouvernement* (*) ; je suis
» convaincu au contraire qu'il y a une véritable modification.
» En l'an XI, époque de la rédaction de cette partie du code,
» on entendait par *arrêté du gouvernement* ce qu'on entend au-
» jourd'hui par *ordonnance royale.* »

(1) Que veut dire le mot *gouvernement* dans une loi? Le gouvernement, c'est le *pouvoir exécutif.* Le pouvoir exécutif est représenté par chacun de ses agents supérieurs ou inférieurs. Dire :
sauf recours au gouvernement, c'est donc comme si on disait : *sauf
recours au pouvoir exécutif, sauf recours à un agent du pouvoir
exécutif,* car le recours ne peut pas être porté devant tous les
agents de ce pouvoir. On peut lire la note du n° précédent.

(*) Voy. ma note sur le n° suivant.

VI. 1° Les erreurs....... ne pourront être recti-
fiées qu'en vertu des arrêtés des consuls, *rendus
sur le rapport du ministre du trésor public, le conseil d'état entendu.* (Arrêté du 27 frimaire an XI,
art 1er.)

2° La cession sera ordonnée *sur le rapport du
ministre de l'intérieur, par un règlement d'administration publique.* (Loi du 16 septembre 1807,
art. 24.)

3° ... pour, *sur son rapport* (du ministre de
l'intérieur) *y être pourvu par nous en conseil d'état,*
comme pour les transactions et aliénations des biens
des hospices et des communes. (Ordonnance du
11 juin 1816, art. 2.)

4° ... sauf le recours au ministre de l'intérieur, et
ensuite au conseil d'état, sur le rapport de ce ministre, en cas de pourvoi, *comme pour affaire d'administration.* (Avis du conseil d'état du 8 novembre 1813.)

5° Les recours... ne peuvent être portés à la
commission du contentieux, et les demandes en réclamation doivent être adressées au ministre des
finances, pour, *sur son rapport, être statué en
conseil d'état.* (Avis du conseil d'état du 7 juillet
1813.) Voyez *infrà*, n° XI.

6º ..... au ministre des finances, *sur le rapport duquel le gouvernement statuera définitivement.* (Loi du 9 floréal an XI, art. 2.)

7º ...pour être par nous, *sur le rapport du ministre des cultes,* STATUÉ *en notre conseil d'état ce qu'il* APPARTIENDRA. (Décret du 30 décembre 1809, art. 97.)

8º Il en sera référé à notre ministre de l'intérieur, qui nous en fera son rapport, *pour être pris par nous, en notre conseil d'état, le* PARTI *qui sera jugé convenable.* (Décret du 17 mars 1808, art. 58.)

9º La liquidation des pensions sera faite dans les bureaux de la chancellerie et déférée ensuite à l'un des comités du conseil d'état qui ressortit à ce ministère, pour, *sur le rapport de notre chancelier, être statué par nous en la forme d'arrêt du conseil.* (Loi du 23 septembre 1814, art. 20.)

10º ...il y sera statué *sur le rapport de nos ministres de l'intérieur et des cultes.* (Décret du 18 mai 1806, art. 15.)

11º Il pourra y avoir recours à notre conseil d'état contre les décisions, *sur le rapport de notre ministre de l'intérieur.* (Loi du 17 mars 1808 , art 82.)

12° Le conseil d'état connaîtra , *sur le rapport du ministre des finances ,* des infractions, etc. (Loi du 22 avril 1806, art. 21, et décret du 18 mai 1808, art. 42.)

VII. 1° Ces pensions seront accordées par *décisions rendues en notre conseil d'état, sur l'avis du comité.* (Décret du 15 octobre 1812, art. 18.)

2° ...pourront être supprimés en vertu *d'un décret rendu en notre conseil d'état.* (Décret du 15 octobre 1810 , art. 12.)

VIII. ....jusqu'à ce qu'il ait été prononcé par *l'administration supérieure.* (Loi du 7 juillet 1833, art. 11.)

IX. ...pour être *définitivement jugés* et apurés par les préfets. (Ordonnance du 31 octobre 1821, art. 28.)

X. Les comptabilités..... seront revisées et *définitivement* arrêtées *en conseil de préfecture présidé par le préfet.* (Ordonnance du 2 avril 1817, art. 15.)

XI. Les décisions du préfet sont *purement admi-*

nistratives (1). (Avis du conseil d'état du 7 juillet 1813.) Voyez *suprà*, n° v, 5°.

Lorsque la matière m'a paru gracieuse, je l'ai classée dans l'administration active au premier chef. Lorsqu'elle m'a paru contentieuse, j'ai déclaré qu'elle appartenait à la décision de l'administration active au second chef.

Et, si j'ai signalé des cas de déclassement de matières, ces cas résultaient de textes formels, et de la volonté expresse du législateur.

II. En législativant le droit administratif, en l'interprétant, en le traitant, en l'appliquant, les législateurs, le pouvoir exécutif, les tribunaux judiciaires, administratifs, les auteurs se sont-ils demandé ce que c'était qu'un *acte administratif?*

_____

(1) Quoique cet avis ait été rendu contrairement au texte formel de la loi du 20 mars 1813, ainsi conçu : « En cas de difficulté entre la municipalité et la régie des domaines, il sera » sursis par elles à la prise de possession des articles réclamés, et » STATUÉ PAR LE PRÉFET, sauf le recours au conseil d'état. » M. MACAREL *des Tribunaux administratifs*, p. 124, dit que la loi a été *clairement interprétée.* Une semblable interprétation est à mon avis une abrogation formelle.

La négative est certaine; aussi est-ce une cause de grandes incertitudes.

Il est défendu au pouvoir judiciaire d'expliquer ou d'interpréter *un acte administratif*. Qu'est-ce donc qu'un *acte administratif?* De la réponse à cette question découlent de nombreuses conséquences, de nature à tarir une source de discussions de compétence, et on néglige une aussi précieuse définition !. .

J'ai cru devoir consacrer une section tout entière à l'examen de ces deux mots : *acte administratif.* Mes observations m'ont paru se rattacher au fond de ma doctrine.

III. On a souvent donné aux mots *ordre public* une portée qu'ils ne pouvaient, qu'ils ne devaient pas avoir.

Dans une de ces savantes dissertations dont M. Sirey, pendant vingt ans, a enrichi son recueil (t. 21, p. 105), on lit les deux passages suivants :

« *Intérêt général, utilité publique,* mots pom-
» peux et attachants, si on les confond, ou unis

» avec le droit et la justice, mais expressions va-
» gues en soi ou indéterminées, qui peuvent être
» désastreuses par l'abus; expressions avec les-
» quelles on fait des révolutions et l'on ébranle
» des monarchies, jusqu'à ce que, à leur tour, les
» agents du pouvoir, abusant de la *force,* mécon-
» naissent *le droit,* et nous disent, plus ou moins
» ouvertement : *l'état, c'est moi.* »

« Un zélateur du pouvoir imagine de corrompre
» la langue ; il s'empare du mot *ordre,* qui signifie
» harmonie, conservation d'ensemble, concert
» universel ; ensuite, et rappelant la maxime sa-
» crée, *salus populi suprema lex,* il établit que
» *l'ordre public* c'est la loi suprême ; il sous-entend
» que l'ordre public c'est l'organisation, la marche
» et les convenances du pouvoir; il sous-entend
» surtout qu'à l'administration appartient éminem-
» ment la direction suprême de tout ce qui est
» ordre public. — C'est ainsi qu'on arrive à im-
» poser silence au *droit* au nom de *l'ordre;* à neu-
» traliser la justice au gré de l'administration.

» Jusqu'à nos jours, on avait cru que *l'ordre*
» *public,* c'est l'ensemble des *institutions* fonda-
» mentales qui garantissent les droits du trône et
» de la dynastie légitime, ainsi que les droits de la

» nation et des citoyens. — L'ordre public par
» excellence, disent nos anciens, c'est l'*ordre* qui
» maintient les droits de l'*universel du royaume.*

      » Si les zélateurs du pouvoir reconnaissaient au-
» jourd'hui que l'*ordre public* est la stabilité ou
» l'*harmonie* conservatrice de tous les *droits,* ils ad-
» mettraient, par une conséquence nécessaire, que
» le premier objet de l'ordre public c'est le main-
» tien des *lois* ou des *règles du droit et du pouvoir;*
» qu'il y a atteinte à l'ordre public là où il y a
» violation des lois par des actes destructifs de
» quelque droit.

      » Mais ce n'est pas en ce sens que les agents du
» pouvoir nous permettent d'entendre l'expression
» *ordre public.* — Selon eux, l'ordre public c'est
» l'organisation du pouvoir (principal, secondaire
» ou inférieur); c'est l'ensemble de ses besoins,
» de ses intérêts et de ses prérogatives, en ce qui
» touche son existence, sa conservation, sa pros-
» périté, son énergie et son indépendance......
» non-seulement pour le *pouvoir* comme *comman-*
» *dement* ou comme *force,* mais encore pour tous
» les agents du pouvoir, usant ou abusant de leurs
» fonctions.

      » La société, disent-ils, et c'est vrai, tomberait

» en dissolution par l'anarchie, s'il n'existait un
» pouvoir conservateur. — Donc le premier be-
» soin de la société, c'est le maintien du pouvoir.
» — Donc le maintien du pouvoir est le premier
» objet de l'ordre public. — Donc là où le droit est
» en opposition ou en lutte avec le pouvoir ou ses
» agents, il faut oublier le droit et ne songer qu'au
» pouvoir. — Quand le sacrifice du droit est né-
» cessaire à l'ordre public, le droit n'est plus un
» droit. — Et si le sacrifice de tous les droits était
» nécessaire au maintien du pouvoir.... *périssent*
» *tous les droits, et non pas le pouvoir !!!*

» Conséquences forcées et alarmantes, qui,
» trop souvent, amènent de désastreuses repré-
» sailles, et qui seules ont donné naissance à des
» doctrines hostiles contre le pouvoir, comme
» doctrines nécessaires à la conservation des *droits*.

» Notre doctrine à nous, *défenseurs du droit et*
» *amis du pouvoir*, c'est qu'il y a erreur, et dans
» la théorie du pouvoir contre le droit, et dans
» la théorie du droit contre le pouvoir ; — que le
» véritable ordre public, c'est le règne harmo-
» nieux du pouvoir et du droit, qui toujours doi-
» vent être *conciliés* et jamais *désunis ;* — que
» l'ordre n'est jamais intéressé à la destruction en-

» tière du droit (comme le droit n'est jamais in-
» téressé à la destruction du pouvoir, principal
» garant du droit) ; — que le droit peut toujours
» être conservé, ou en nature ou en équivalent,
» c'est-à-dire, en indemnité. »

Cette doctrine, développée en 1821, aurait dû
frapper tous les esprits, et elle eût prévenu bien
des erreurs. Le conseil d'état a été accusé par un
des auteurs les plus estimables (1), de ne suivre
aucun principe, et de repousser les recours contentieux lorsque l'acte administratif, attaqué, lui
paraît émaner du pouvoir discrétionnaire , en
disant qu'il *s'agit d'un acte d'administration publique et d'intérêt général, qui ne peut faire l'objet
d'un recours par la voie administrative.*

Ce reproche n'est pas dénué de toute espèce de
fondement, quoiqu'en réalité les erreurs de cette
nature soient assez rares.

Un ministre a même reconnu, dans une affaire

_____

(1) M. FOUCARD, t. 3, p. 275.

M. GARNIER , *Régime des eaux*, tom. 2 , n° 526 et suiv.,
et 540, approuve des ordonnances motivées sur ce que tel arrêté
intéressant l'*ordre public est essentiellement un* ACTE ADMINIS-
TRATIF *et n'est pas contentieux...*

fort grave, celle du Mont-de-Piété de Strasbourg, que les *raisons d'ordre public étaient de nature à faire juger nécessaire l'intervention de l'administration comme juridiction* (1).

Les mots *ordre public, intérêt général,* n'ont aucun sens attributif de compétence et de juridiction ; de même que ceux-ci, *intérêt privé, droit privé,* n'expriment rien quand ils sont isolés.

C'est la réunion de chacune de ces expressions, et la réclamation ou la discussion qui produisent le gracieux ou le contentieux (2).

IV. L'expression usitée dans beaucoup de lois (3), *le préfet décidera en conseil de préfecture.,* a donné lieu à de vives controverses auxquelles ont pris part plusieurs publicistes, et surtout MM. *Macarel, Isambert* et *Duvergier.*

Il est maintenant reconnu par tout le monde que, par cette expression, le législateur n'a entendu

(1) Recueil des arrêts du conseil, 1832, p. 135.

(2) Voy. mon titre de l'*Administration active au second chef,* n° 272 à 321.

(3) Notamment, dans les lois et ordonnances des 5 février 1817, art. 5 ; 4 septembre 1820, art. 4 ; 28 juillet 1824, art. 8 ; 21 mars 1831, art. 28, etc., etc.

parler que *du préfet jugeant seul , après avoir demandé l'avis du conseil de préfecture, sans être astreint à suivre cet avis* (1).

Pour faire comprendre combien il est utile en droit administratif de bien s'entendre sur le sens des mots employés par le législateur, la jurisprudence et la doctrine , je crois devoir résumer ici la controverse qui s'était élevée entre ces savants jurisconsultes.

M. MACAREL (2) a commencé par déclarer qu'il avait *pensé que toutes les fois que les lois s'étaient ainsi exprimées, le préfet statuera en conseil de préfecture, la décision rendue était un arrêté du conseil de préfecture;* et il a ajouté : *il paraît que nous étions dans l'erreur.*

M. ISAMBERT (3) s'exprime ainsi : « Depuis quel
» que temps on a remarqué une distinction entre
» un arrêté rendu par le conseil de préfecture

---

(1) M. de Cormenin, 4ᵉ édit., t. 1ᵉʳ, p. 240, note 1; et 5ᵉ édit., t. 1ᵉʳ, p. 173, note 6. — M. Macarel, *Tribunaux administratifs,* p. 122.

(2) *Themis,* t. 2, p. 267; et *Tribunaux administratifs,* p. 122.

(3) *Recueil de Lois,* t. 7, p. 576, note 1. Voy. aussi le *Code électoral,* publié en 1827, p. 95 et suiv.

» sous la présidence du préfet, conformément à
» la loi du 8 pluviôse an VIII, et un arrêté rendu
» par *le préfet en conseil de préfecture*, ainsi que
» s'exprime la loi du 5 février 1817. » Du reste,
ce savant magistrat ajoute que ce n'est qu'une
dispute de mots, puisque le recours direct est
ouvert devant le conseil d'état, et que le préfet
est obligé de suivre l'avis du conseil de préfecture (1).

M. Duvergier est revenu plusieurs fois sur des
expressions jetées au hasard dans plusieurs lois,
et dont le sens contesté par d'habiles jurisconsultes ne lui apparaissait pas d'une manière sa-
tisfaisante.

Dans sa note, sous l'article 2 de l'ordonnance
du 4 septembre 1820 (2), mon honorable ami
dit : « qu'il a omis dans les notes placées sous
» l'article 5 de la loi du 5 février 1817, de faire
» remarquer que la disposition de cet article por-

---

(1) Ce qui prouve que c'était plus qu'une dispute de mots,
c'est que l'opinion contraire à celle de M. Isambert a prévalu en
ce sens que le préfet n'est point astreint à suivre l'avis du conseil de préfecture.

(2) Tom. 23, pag. 126.

» tant que le préfet statuera provisoirement en
» conseil de préfecture, *doit* s'entendre en ce sens,
» que ce n'est pas le conseil de préfecture qui
» statue sous la présidence du préfet ; que c'est
» le préfet seul qui prononce, à la vérité après
» avoir consulté le conseil de préfecture. »

Il semble dès lors que l'opinion de M. Duvergier
est arrêtée sur le sens des expressions qu'il a
examinées.

Cependant, dans sa note sous l'article 8 de
la loi du 28 juillet 1824 (1), il commence à
douter, et dans celle qu'il a placée sous l'article 25 de l'ordonnance du 18 mai 1828 (2), sa
conclusion est opposée à sa première interprétation (3). Voici comment il s'exprime : « Par cette

---

(1) Tom. 24, pag. 545.

(2) Tom. 28, pag. 163.

(3) Nous ferons observer que ce qui paraît avoir induit en
erreur M. Duvergier, ce sont les vices de rédaction de l'arrêté
du 8 prairial an XI, et de l'ordonnance du 18 mai 1818. *La
loi du 30 floréal an X attribue juridiction aux conseils de préfecture.* L'arrêté et l'ordonnance déclarent (et le pouvoir exécutif n'avait pas le droit de changer dans ses arrêtés réglementaires la volonté de la loi) que les contestations seront jugées
conformément à la loi du 30 floréal an X , par conséquent par

» expression *le préfet en conseil de préfecture*,
» veut-on dire que le préfet statue *seul après*
» *avoir entendu le conseil de préfecture,* ou bien,
» suivant l'usage ordinaire, veut-on *donner au*
» *conseil de préfecture présidé par le préfet* le
» droit de prononcer ? La difficulté peut paraître
» sérieuse, puisque la même locution employée
» dans l'article 5 de la loi du 5 février 1817, sur
» les élections, a été interprétée en ce sens que
» le préfet doit statuer seul. Voy. la loi du 5 fé-
» vrier 1817, l'ordonnance du 4 septembre 1820,
» et les notes sur l'article 4 de cette ordonnance ;
» M. DE CORMENIN , 3ᵉ édition , vᵒ *Elections*. —
» Malgré ce précédent, c'est au *conseil de préfec-*
» *ture* et non au préfet seul qu'il appartient de
» statuer sur l'application de la taxe. A la vérité,
» l'article 15 de l'arrêté du 8 prairial an XI, au-
» quel se réfère la présente ordonnance, dit
» comme elle, *le préfet en conseil de préfecture ;*
» mais cet arrêté est basé lui-même sur la loi du
» 30 floréal an X , et celle-ci dans son article 4,

---

le conseil de préfecture. C'est donc évidemment une erreur que
la locution *inutile*, *superflue*, qu'on lit dans l'arrêté et l'ordonnance. On ne peut donc pas tirer de cette erreur la conclusion
générale qui termine la note de M. Duvergier.

» porte expressément que les contestations qui
» pourront s'élever sur la perception des droits
» de navigation seront décidées administrative-
» ment par les *conseils de préfecture.* Cette ob-
» servation aurait pu être faite pour établir que
» l'article 5 de la loi du 5 février 1817 ne devait
» pas être pris à la lettre , et que *le préfet , en*
» *conseil de préfecture ,* ou le *conseil de préfecture*
» *présidé par le préfet ,* sont DES LOCUTIONS EM-
» PLOYÉES INDIFFÉREMMENT L'UNE POUR L'AUTRE DANS
» NOS LOIS. »

Enfin , dans ses observations sur l'article 28 de
la loi du 21 mai 1831 (1) , M. Duvergier revient
à sa première doctrine en ces termes : « On sait
» que le *préfet , en conseil de préfecture ,* n'est pas
» la même chose que le *conseil de préfecture pré-*
» *sidé par le préfet* (2). Dans ce premier cas, le
» préfet décide *seul ;* il ne fait que prendre l'avis
» du conseil : dans le second , les conseillers et
» le préfet délibèrent et décident à la majorité
» des voix. »

_____

(1) Tom. 31, pag. 142.
(2) Une loi du 25 mars 1806 (Duvergier, t. 15, p. 388) se
sert de cette dernière locution qui est peu usitée. On emploie plus
communément celle-ci : *le conseil de préfecture.*

Si j'étais chargé de refaire les lois existantes, je n'attribuerais jamais juridiction aux préfets, parce que, dans la pensée du législateur de l'an VIII, les conseils de préfecture, qui ne sont aujourd'hui que des tribunaux d'exception, devaient être le tribunal ordinaire administratif; et que cette dernière juridiction me paraît offrir plus de garantie que celle du préfet. Mais des lois nombreuses existent. Il y en a même qui attribuent juridiction au préfet, sans l'assistance du conseil de préfecture (1); la distinction posée entre les décisions du préfet en conseil de préfecture, et les arrêtés du conseil de préfecture, doit donc être admise.

Ce que j'ai voulu prouver, c'était la portée de l'expression elle-même, et la nécessité de bien la comprendre (2).

V. La *juridiction administrative* a été contestée comme *juridiction*.

---

(1) Décrets des 4 juillet 1806, tit. 4, art. 28 ; et 15 octobre 1810, art. 2 et 7, etc., etc.

(2) A mon chapitre *de la juridiction des préfets*, j'examine tous les cas dans lesquels elle est déclarée par la loi, et à quels signes on la reconnaît.

Le vénérable M. *Henrion de Pansey* a consacré un chapitre de son bel ouvrage de *l'Autorité judiciaire en France*, à établir que la juridiction administrative, gracieuse et contentieuse était incontestable.

Le savant auteur des *Tribunaux administratifs*, M. MACAREL, p. 28, reproduit les principes de M. Henrion.

Cette interprétation doctrinale a été faiblement contestée.

Sans adopter complètement l'origine historique du mot *juridiction*, qui se prête difficilement aux idées administratives, je pense qu'il serait fâcheux de rejeter des dénominations consacrées par l'usage et difficiles à remplacer.

M. de Cormenin admet même, en certains cas, trois sortes de juridiction, savoir : *les juridictions gracieuse, administrative et contentieuse* (1).

Il me semble que la *juridiction administrative* est le *genre;* les *juridictions gracieuse et contentieuse* les *espèces.*

_____

(1) Quatrième édition, t. 2, p. 257.

La conséquence la plus importante à déduire du principe généralement reconnu, doit être, que la juridiction administrative n'est point une juridiction exceptionnelle ; c'est une juridiction pour une matière spéciale, qui a ses juges ordinaires et ses juges d'exceptions (1).

M. de Cormenin a écrit, avec raison, que les *juridictions ne s'induisent pas ; qu'elles se prouvent* (2). Comme aucun article de loi n'a dit : *Les conseils de préfecture sont juges du contentieux administratif*, c'est à tort, selon moi, qu'un décret du 6 décembre 1813 (3), et quelques auteurs (4), ont déclaré, au mépris des termes précis de la législation, que *les conseils de préfecture étaient*

---

(1) A mon chapitre de *la Juridiction*, j'ai combattu l'opinion si accréditée du caractère exceptionnel des tribunaux administratifs.

(2) Quatrième édition, t. 1er, p. 415, note première.

(3) DUVERGIER, t. 18, p. 521.

(4) M. LAFERRIÈRE, p. 901; M. l'abbé AFFRE, 4e édit., p. 401. — M. DE CORMENIN a considéré les conseils de préfecture, tantôt comme des tribunaux d'exception, tantôt comme les juges ordinaires du contentieux administratif. — On peut consulter sa 5e édition, t. 1, p. 190 et suiv., 276, 304, 389 et 553; et t. 2, p. 240, 277, 306, 333, 419, 425, 464.

*juges naturels et ordinaires du contentieux adminis-
tratif* (1).

VI. Existe-t-il des *degrés de juridiction* en matière administrative?

Je viens d'admettre l'expression de *juridiction;*
comme il y a un tribunal administratif supérieur,
le conseil d'état, la conséquence nécessaire est l'emploi des mots *degrés de juridiction* dans la langue
administrative.

Il y a plus, quels que soient les termes dont se
soit servi le législateur, notamment ceux-ci, *définitivement, d'une manière définitive,* etc. (2),
le tribunal supérieur est toujours appelé à connaître d'un recours régulier, à moins qu'il n'y ait
cette exclusion formelle, *sans recours au conseil
d'état* (3). Mais alors la matière cesse d'être considérée comme contentieuse, elle est déclassée et
devient gracieuse.

---

(1) Au chapitre de *la Juridiction,* j'ai donné à chacun des tribunaux administratifs le caractère que lui assignent la loi et les
principes.

(2) Voy. les lois des 19 juillet 1791, et 29 floréal an X, art. 4.

(3) Voy. l'art. 11 de la loi du 7 juillet 1833.

Peut-on dire qu'il existe *trois, quatre, cinq*, degrés de juridiction, ou, au contraire, adoptera-t-on comme principe la règle des deux degrés?

La règle des *deux degrés* me paraît résulter de la législation et de la jurisprudence. Quelques exceptions, fort rares, provenant peut-être d'une inattention du législateur, peuvent être signalées (1); ces exceptions confirment le principe.

L'opinion contraire se fonde sur ce que, dans beaucoup de cas, le préfet *décide* ou *juge;* que le recours contre la décision du préfet doit être porté devant le ministre, et que la décision du ministre doit être déférée au conseil d'état. J'ai essayé de démontrer, à mon chapitre de la *Juridiction des préfets,* que, dans tous les cas où le recours direct devant le conseil d'état n'est pas ouvert contre les arrêtés des préfets, ces arrêtés ne sont pas des décisions, mais des actes d'instruction préalable, qu'on peut, *en tout temps,* soumettre au contrôle du ministre, seul juge.

Les locutions dont se sert le conseil d'état, lorsqu'il rejette les pourvois directs contre des arrêtés

---

(1) Notamment dans la loi du 21 mars 1831, art. 34 et suiv.

de préfets, ont contribué, il faut bien le dire, à entretenir cette erreur. Voici comment sont conçues les ordonnances : « *Considérant que le préfet* » *était compétent pour STATUER EN PREMIÈRE* » *INSTANCE, dans l'affaire du sieur*** : considérant* » *que les arrêtés pris par les préfets, dans les LIMI-* » *TES DE LEUR COMPÉTENCE, doivent être préa-* » *lablement DÉFÉRÉS aux ministres que la matière* » *concerne, SAUF RECOURS ULTÉRIEUR devant* » *nous, en notre conseil d'état.* »

Si un préfet STATUE EN PREMIÈRE INSTANCE, S'IL A UNE COMPÉTENCE SPÉCIALE, si son ARRÊTÉ, après avoir été déféré au ministre, peut être ATTAQUÉ devant le conseil, il est évident, a-t-on dit, que le préfet exerce le premier degré de juridiction (1).

Mais je réponds que le préfet ne statue point

_____

(1) M. MACAREL, t. 8, p. 713, a annoté une de ces ordonnances en ces termes : *Voici un exemple et une preuve que la juridiction administrative offre quelquefois trois degrés à parcourir.* — MM. ROCHE et LEBON, t. 1er, p. 163, 1re colonne, note 1, expliquent les mots *autorité administrative*, en disant : *C'est-à-dire aux préfets en première instance, sauf recours au ministère de l'intérieur.* — Le conseil d'état est, selon eux, le troisième degré de juridiction.

comme juge administratif, puisque ses prétendues décisions n'ont aucune force exécutoire, qu'aucun délai, quoiqu'il y ait eu notification, n'est fatal contre la réclamation portée devant le ministre, et qu'enfin ce n'est pas cet arrêté du préfet, mais la décision ministérielle qui doit être déférée au conseil d'état.

Dans d'autres cas, le préfet ou le sous-préfet ne rendent qu'une décision provisoire semblable à une ordonnance de référé ; et lorsque le conseil de préfecture statue, ce n'est ni par opposition, ni par appel de la décision de ces fonctionnaires. Le premier degré contentieux commence devant le conseil de préfecture. Cette observation reçoit son application dans la procédure suivie pour faire lever les oppositions à un établissement insalubre de seconde classe, ou bien lorsqu'il s'agit des délinquants en matière de grande voirie (1).

VI. Il me sera facile de prouver par des exemples assez remarquables combien sont fâcheuses

_____

(1) Le décret du 16 décembre 1811, art. 114, s'est servi d'une locution inexacte en disant que le *conseil de préfecture statue sur les oppositions des délinquants.* Il statue sur la contravention et prononce l'amende encourue, sauf recours au conseil d'état.

l'ambiguité dans les termes d'une législation ou l'absence d'une disposition indispensable; et jusqu'à quel point les hommes placés à la tête du gouvernement peuvent commettre des erreurs graves (1).

1° Une loi du 8 avril 1834 déclare, article 1ᵉʳ, que *l'ancienne liste civile sera liquidée pour le compte et aux frais de l'état* (2).

Qui fera cette liquidation ? Quelle sera l'autorité compétente pour statuer sur les contestations ?

Evidemment, l'autorité administrative. Les intérêts du trésor sont engagés. Les principes déterminent la compétence d'une manière incontestable (3); c'est ce qui a été décidé avec raison par de nombreux arrêts du conseil d'état.

Si on lit la discussion, on y trouve l'opinion contraire formellement exprimée. Le législateur entendait que les créances ordinaires fussent poursui-

---

(1) Je cite ces exemples au § *du Langage administratif*, parce que l'*ambiguité* des termes dont se sert le législateur et son *silence* dans les cas où il était utile qu'il exprimât sa pensée, produisent le même effet que les *vices du langage*.

(2) Duvergier, t. 34, p. 55.

(3) Voy. mon chapitre *du Contentieux*.

vies devant les tribunaux civils ; c'est ce qu'a expressément déclaré l'honorable M. DE BELLEYME.
La distinction qu'il a proposée a terminé le débat.
M. le ministre des finances lui-même a reconnu
que cette distinction était fondée , en disant : *S'il
y a des dettes sur lesquelles naissent des contestations, les créanciers ont le droit de se pourvoir
devant la justice.*

Mais cette discussion reposait sur une erreur de
droit. Le silence de la loi a suffi pour que le conseil
d'état dût appliquer les principes de la matière.

2° Une industrie nouvelle avait pris une grande
extension. Elle diminuait le revenu provenant du
monopole du tabac. L'intérêt général exigea le sacrifice de cette industrie. *L'anti-tabac* fut prohibé
par la loi du 18 février 1835. L'art. 4 de cette loi
porte que *les dispositions prohibitives sont applicables à la fabrication , à la circulation et à la vente
du tabac factice ou de toute autre matière préparée
pour être vendue comme tabac* (1).

La confiscation de l'industrie naissante fut donc
consommée.

Une indemnité pouvait-elle être réclamée, et

---

(1) Duvergier, t. 35 , p. 28.

quelle autorité devait être saisie par les industriels dépouillés de leur propriété ?

L'attention des deux chambres s'est portée sur ces deux questions ; mais au lieu de les résoudre par un article, en s'est contenté de discuter.

M. Duvergier résumé cette discussion avec le soin qu'il apporte à tous ses travaux. Voici ce qu'on lit, p. 30 :

« M. le ministre des finances a ajouté qu'il était » inutile d'exprimer dans la loi le principe de l'in-
» demnité ; que si l'indemnité était due, elle pour-
» rait être réclamée *selon les règles du droit com-
» mun*. M. le rapporteur a parlé dans le même » sens. Quant à la juridiction devant laquelle de-
» vra être portée la demande en indemnité, le *mi-
» nistre des finances* a déclaré TROIS FOIS DE SUITE » *que si les parties, après s'être adressées à lui,
» n'étaient pas satisfaites, elles auraient leur re-
» cours devant les tribunaux.* »

M. le ministre, entouré des lumières de ses employés supérieurs, n'a pas tardé à reconnaî-
tre qu'il avait soutenu une grave hérésie, car les discussions avaient eu lieu le 6 février, et le 13 du même mois, il présentait à la signature du roi une

ordonnance dont l'art. 4 est ainsi conçu : « *Les*
» *demandes en indemnité que pourraient former les*
» *dénommés en l'art.* 1er *pour la valeur réelle des*
» *matières, seront soumises à notre ministre des fi-*
» *nances qui prononcera.* »

L'ordonnance était dans le vrai ; mais que deve-
nait le langage trois fois affirmatif, dans le sens
opposé, du ministre des finances (1)?

3° Dans son rapport au roi, du 8 mars 1835 (2),
M. le garde des sceaux s'exprime ainsi : « La loi
» d'institution de la cour des comptes soumet ses
» arrêts au recours devant le conseil d'état, pour
» violation de la loi. Le conseil d'état, lorsqu'il est
» saisi de semblables recours, ne peut PAS S'OCCUPER
» DU FOND. »

On lit une opinion toute contraire dans le rap-

---

(1) M. DALLOZ, dans son Recueil périodique de jurisprudence,
année 1835, 3e partie, p. 21, prouve dans une note qu'il avait
cru en la parole du ministre. Quelle que soit l'autorité de cette
parole, elle ne doit jamais prévaloir sur les principes et sur le
texte de la loi.

(2) *Compte général des travaux du conseil d'état.* Les éléments de ce rapport ont été préparés par un des conseillers d'état
les plus instruits.

port de M. DALLOZ, qui puise dans la législation concernant la cour des comptes, une assimilation qui lui paraît nécessaire pour appuyer le système si étrange que veut faire prévaloir la commission dont il a été l'organe (1).

« Votre commission a d'abord porté ses regards
» sur ce qui se passe dans le cas où, sur le recours
» au conseil d'état contre un arrêt de la cour des
» comptes, la cassation de cet arrêt est prononcée
» par ordonnance royale. Il lui a paru résulter
» clairement de la combinaison de l'art. 17 de la
» loi du 16 septembre 1807, et de l'ordonnance
» royale du 1.er septembre 1819, que, dans ce
» cas, le conseil d'état a la faculté de statuer lui-
» même sur le fond de l'affaire, ou de le renvoyer
» devant une autre chambre de la cour des comp-
» tes. Votre commission a été confirmée dans cette
» opinion par l'absence de toute disposition rela-
» tive au cas de dissidence entre deux chambres
» de la cour des comptes et le conseil d'état. D'ail-
» leurs, le gouvernement serait impuissant à main-
» tenir cette haute juridiction dans la limite de ses

(1) Rapport, pag. 77. Voy. supra, p. lxxix, l'examen critique du nouveau projet de loi sur le conseil d'état.

» attributions spéciales, s'il n'était armé du droit
» de retenir le fond quand il prononce la cassa-
» tion de ses arrêts ; et, quand on se reporte à
» l'époque où la cour des comptes a été instituée,
» il n'est guère permis de supposer l'abdication
» d'un pouvoir si nécessaire. »

Est-ce le garde des sceaux de 1835 , ou le député de 1840 qui se trompe ?

4ᵉ Dans la discussion du budget de 1835 , M. le
comte Roy supposait le cas où les ministres, vo-
lontairement, refuseraient de statuer sur une indemnité réclamée conformément à l'art. 11 de ce
budget. M. le ministre des finances a répondu :
« Si un ministre refusait de liquider des récla-
» mations, les parties le mettraient en demeure,
» après quoi elles se pourvoiraient devant le con-
» seil d'état, EN DÉNI DE JUSTICE (1). »

J'ignore quel sens M. le ministre a voulu donner
à cette expression peut-être un peu trop vive. Sans
doute, il n'a pas été dans sa pensée de dire que le
conseil d'état pourrait condamner les ministres re-
tardataires à des dommages-intérêts...

_____

(1) Duvergier, 1834, p. 104 et 105.

M. de Cormenin, 4e éd., t. 1er, p. 245, note 1, dit, avec plus de raison, qu'*en l'absence d'une loi sur la responsabilité des ministres, les parties ont actuellement trois voies de recours à prendre en cas de déni de justice. Elles peuvent s'adresser directement AU ROI, AUX CHAMBRES, A LA PRESSE.* Et dans sa 5e éd., p. 178, il ajoute : « Mais, disons-le franchement
» aux parties, ces trois voies n'aboutissent à rien. Le
» roi renvoie aux ministres, les chambres passent à
» l'ordre du jour, la presse ne peut qu'enregistrer
» la plainte, le conseil d'état seul peut réformer
» utilement, s'il y a lieu, la décision ministérielle.»

Ce fut cependant cette expression incomprise, *déni de justice,* qui appaisa les justes susceptibilités de M. le comte Roy.

Il est donc vrai de dire qu'en cette matière les *mots sont des choses*, et que, pour s'entendre sur les choses, il faut comprendre les mots.

Et l'on veut que pour être appelé à faire les lois, civiles ou administratives, il suffise d'être l'*élu du clocher*, de connaître parfaitement la qualité de toutes les terres de son arrondissement, et l'influence de chaque électeur !...

On exige pour un magistrat, pour un préfet, pour un professeur, pour les professions libérales, pour les membres de l'instruction primaire, des études longues et coûteuses, des conditions de capacité sagement déterminées ; mais celui qui fait la loi pourra ne savoir ni lire ni écrire ! !

Il y a plus : on veut créer un motif d'exclusion et d'incompatibilité contre les capacités présumées, et exclure de la chambre élective tous les citoyens qui auraient eu le malheur de conquérir, par des études brillantes, une position élevée, et d'obtenir un emploi public qui, dans un état bien administré, ne doit être accordé qu'à un homme de talent et de probité... Et quand on aura une chambre composée d'incapacités bien reconnues, on osera lui demander des lois sur les attributions du conseil d'état, sur la saisie immobilière, sur les séparations de corps, sur la propriété littéraire, sur les modifications du code pénal ou du code d'instruction criminelle, sur l'expropriation pour cause d'utilité publique, sur le régime hypothécaire, etc., etc. !

M. DE CORMENIN a flagellé ce système d'une manière tellement piquante, qu'on lira avec plaisir un trop court extrait de sa longue et énergique discussion (1).

« Pourquoi veut-on également que les conseillers
» d'état ne puissent être élus députés ? La confiance
» du roi doit-elle leur enlever la confiance du
» peuple et l'honneur de le représenter et de le
» défendre ? La charte les exclut-elle ? Le choix des
» électeurs n'est-il pas indépendant ? Les hommes
» dont l'Angleterre s'enorgueillit, et qui l'ont faite
» libre, grande et riche, n'ont-ils pas marché à la
» tête de ses affaires ? Si le parti de l'opposition
» renferme des hommes de bonne foi, pourquoi
» n'en serait-il pas de même du parti ministériel ?
» Qui pourrait nous dire quel est celui des deux
» partis que l'ambition travaille le moins ? Et si l'on
» voulait creuser les choses, n'arriverait-on pas
» peut-être à découvrir que les fonctionnaires sont
» aussi intéressés au maintien de la constitution
» et à la stabilité du gouvernement que les manu-
» facturiers et les gros propriétaires qui, après
» tout, fabriquent, sèment, vendent et récoltent,
» sous quelque gouvernement que ce soit, au mi-
» lieu des bouleversements de l'état et des inva-

_____

(1) Pag. 68, édit. de 1818.

» sions étrangères? Ne pourrait-on pas ajouter
» que les fonctionnaires sont, en général, les dé-
» fenseurs les plus habiles de la constitution; et
» d'ailleurs, n'ont-ils pas dans la société, comme
» les autres citoyens, des intérêts personnels de
» propriété, de commerce, d'industrie? »

Pour rendre hommage à la vérité, je dois dire
que M. DE CORMENIN me paraît avoir modifié cette
opinion de 1818, dans le passage que voici de son
appendice de 1840, pag. 57 :

« Direz-vous que, pour vouloir faire tout cela
» par simple ordonnance, je serai donc plus mi-
» nistériel que le ministre? Eh mais ! cela se pour-
» rait; et qu'est-ce à dire, au surplus, ministériel
» ou non, si je suis dans la vérité des principes ?
» Direz-vous que vous ne pouvez pas même être à
» jour avec vingt-deux conseillers administratifs
» qui vont, qui viennent, qui ne viennent pas, qui
» font peu, qui ne font rien, qui sont pairs, qui
» sont députés, qui soignent le procès politique,
» qui président les clubs parlementaires, qui han-
» tent les salons ministériels, qui poussent de l'é-
» paule ou de la plume la presse bonne ou mau-
» vaise? Je suis de votre avis, et tellement fort,
» que je ne voudrais plus, comme vous, d'une

» besogne si coûteuse et si arriérée. Mais voulez-
» vous me donner seize bons travailleurs, hommes
» de rien politiquement, ni pairs, *ni députés*, et
» ne POUVANT L'ÊTRE ; me les donnez-vous ? Je vous
» les prends au choix, à bon compte, à forfait,
» sous ma responsabilité au lieu de la vôtre, à
» mes risques tout-à-fait, et je me charge sans
» peine, sans revenant bon, et sans même vous
» demander pour cela la croix, de faire aller par-
» faitement votre affaire. Quand je dis que je m'en
» charge, c'est tout le monde qui en ferait autant
» à ma place. »

VII. LÉGISLATION ADMINISTRATIVE.

> Non-seulement la législation administrative existe ;
> mais encore elle est complète, elle est *une* ; elle
> n'est nullement au-dessous de la législation civile
> et pénale.
>
> M. BLANCHET, Préface de son *Code adminis-
> tratif*, pag. 11.

Pour faciliter l'étude de la législation administrative, je lui ai donné une forme nouvelle. Dans
mon enseignement, j'ai distribué cette législation
dans *cinq codes* dont les divisions principales sont
corrélatives aux divisions de nos cinq codes Napoléon. Mon intention est de publier le résultat de
mes recherches et de mes travaux, si mes Principes
de compétence et de juridiction sont accueillis
favorablement.

Le plan de mes *cinq Codes de l'administration*

publique, n'est pas à l'abri de toute critique ; mais j'ai acquis la conviction, par l'expérience de mon cours, qu'il était de nature à faire saisir promptement et facilement l'ensemble et les détails de la législation administrative.

Je partage l'opinion de M. Blanchet ; je pense, comme lui, que cette législation trop négligée dans les études de l'homme public est une et complète (1).

Qu'il me soit permis toutefois de présenter quelques observations critiques qui rentrent dans le plan que je me suis tracé dans cette Introduction.

I. Une des causes qui a le plus contribué à embarrasser l'application du droit administratif, résulte de la négligence, j'allais dire de l'insouciance, du législateur, lorsqu'il s'occupe d'une matière spéciale. On trouve à la fin de presque toutes nos lois nouvelles, cette paresseuse locution : *Toutes les dispositions de lois antérieures demeurent abrogées en ce qu'elles auraient de contraire à la présente loi.*

---

(1) Voyez le premier § de mon Introduction, *suprà*, page ix.

Tel n'a pas été le langage des législateurs de nos Codes. Qu'on lise l'article 7 de la loi du 30 ventôse an XII sur le Code civil, l'article 1041 du Code de procédure, l'article 484 du Code pénal, etc. En posant une barrière entre le passé et le présent, la législation marche et s'améliore successivement. C'est quelquefois un embarras et non pas une heureuse modification qu'une loi nouvelle qui *n'abroge pas*.

Dans les lois sur les attributions municipales et départementales, la loi, on le croit du moins, énumère avec soin les pouvoirs des divers conseils ; l'illusion a bientôt disparu lorsqu'on lit ces mots : *et autres qui leur sont attribués par les lois et règlements*.

On croit trouver dans la loi sur les chemins vicinaux, un véritable Code de la matière. Il n'en est pas ainsi. Il faut recourir à la loi du 9 ventôse an XIII, à la loi de 1824, etc. ; et dans la discussion on lit sur une question qui divise la cour de cassation et le conseil d'état (*le jugement des contraventions*), que les chambres sont dans l'intention formelle de *rester dans les termes de la législation actuelle*. Quelle est cette législation ? Voilà ce qu'on demandait, voilà ce qui a déjà donné lieu à plus de vingt décisions contradictoires.

Dans le budget, ce *laisser aller* législatif n'est pas permis. Il faut que la loi indique tous les genres de contributions, sans cela point de perceptions possibles Aussi chacune des taxes particulières est-elle énoncée avec le plus grand soin (1), et on ne retrouve pas cette locution : *Et autres taxes prescrites par les lois précédentes.* Pourquoi ne ferait-on pas pour les lois et ordonnances ce qu'on fait pour les lois de finances? N'est-ce pas frapper les citoyens d'un funeste impôt que de les exposer, par l'obscurité de la loi promulguée, à des procès coûteux et interminables ?

« Deux choses sont à considérer, a dit M. Du-
» vergier (2), dans la confection des lois : les
» règles que l'on se propose d'établir et l'expres-
» sion de la volonté législative. L'examen et la
» critique des dispositions considérées en elles-

(1) Duvergier, 1840, p. 231. (*Budget de* 1841.)

(2) Tom. 36, pag. 136.

» mêmes, ont sans doute un grand degré d'in-
» térêt et d'importance ; beaucoup croiraient
» même déroger et descendre des hauteurs où ils
» se placent, s'ils consacraient quelque attention
» à la forme de la loi. Cependant cette mission
» est encore élevée et difficile, qui consiste à re-
» vêtir d'une expression juste et claire les com-
» mandements de la loi, à établir le lien et l'har-
» monie entre le passé et le présent, à marquer
» d'un signe certain ce qui, de la législation exis-
» tante, survit après une loi nouvelle, à dire,
» en un mot, ce qui est abrogé et ce qui ne l'est
» pas. J'ai fait souvent remarquer avec quelle
» inconcevable négligence nos législateurs accom-
» plissent cette partie de leurs devoirs. Ils sont
» tellement effrayés des difficultés de la tâche
» qui leur est imposée, qu'ils n'osent pas les re-
» garder en face, et ils se tirent de l'embarras
» de leur situation par cette banale disposition :
» *Toutes les lois antérieures demeurent abrogées*
» *en ce qu'elles avaient de contraire à la présente*
» *loi.* »

II. Une locution dont jamais le législateur n'aurait dû se servir, surtout en matière administrative, est celle-ci : *Sauf recours de droit.* Quel

est ce recours ? Devant qui sera-t-il porté ? Sera-t-il
gracieux ou contentieux, judiciaire ou administratif? Et c'est précisément parce que les chambres éprouvaient une grande difficulté à résoudre
ces diverses questions, que pour aller plus vite,
on a jeté aux parties intéressées cette désespérante énigme.

Comment, des ministres, des commissaires du
roi, sept cents législateurs doutent, et le citoyen
appelé à obéir à la loi, devra ne pas douter ! Lorsqu'on le renvoie *à qui de droit*, il faut donc qu'il
s'adresse aux jurisconsultes, aux praticiens ; il faut
qu'il plaide, mais c'est alors créer de nouvelles
actions de la loi, dont un voile mystérieux ca-
chait le sens au vulgaire profane. Et au milieu
des discussions, dans l'incertitude, ce plaideur,
puisque la loi ne peut être expliquée que par un
procès, ce plaideur se verra peut-être frappé par
une déchéance fatale, au moment où il entrevoyait
le point lumineux à l'extrémité du souterrain législatif dans lequel il s'était fourvoyé. C'est là un
grave inconvénient. Ces expressions ou toutes autres de même nature ne sont pas dignes du caractère élevé du législateur. Il doit *savoir*, car il *ordonne*.

J'ai hâte d'arriver à la fin de cette introduction déjà trop longue, et je ne citerai qu'un
exemple qui fera ressortir le danger que je si-
gnale (1).

Dans une de nos lois, je trouvais les mots : *sauf
recours de droit.* Rien dans la discussion ne venait m'éclairer. J'avais lu que ce recours devrait
être porté devant le conseil de préfecture. Je
communiquai cette pensée à l'honorable rapporteur de la loi, un des membres les plus éclairés
qu'ait possédé le conseil d'état. Il me répon-
dit : « *Ce recours de droit* me paraît aussi devoir

---

(1) On peut se reporter aux lois des 15 avril 1829 (et à la discussion), 6 juin 1840 (et à la discussion), sur la pêche fluviale ;
aux ordonnances des 15 janvier 1823, art. 13, et 11 avril 1827,
art. 1er, sur l'exercice de la profession de boulanger. Croirait-on
que dans toutes les ordonnances sur la boulangerie on avait,
depuis 1814, par mesure de police, prononcé la peine de *la prison
perpétuelle* contre les boulangers récalcitrants? Voici le texte de
la disposition qu'on peut lire dans M. DUVERGIER, t. 31, p. 494,
art. 11, 2e alinéa : « Dans le cas où le boulanger aurait fait dis-
» paraître son approvisionnement de réserve, et où l'interdiction
» absolue aurait été prononcée par le maire, IL GARDERA PRISON
» JUSQU'A CE QU'IL L'AIT REPRÉSENTÉ, ou qu'il en ait versé la
» valeur dans la caisse ci-dessus désignée. »

sur les cas où il y a nécessité d'un avis préalable
du conseil d'état, parce qu'il peut y avoir excès
de pouvoir et illégalité dans une ordonnance rendue sur le rapport seul d'un ministre.

VIII. JURISPRUDENCE ADMINISTRATIVÉ.

> J'affirmerais volontiers qu'il n'y a pas de tribunal
> en France qui juge avec plus d'indépendance, de
> caractère et de conscience que le conseil d'état.
>
> M. DE CORMENIN, 1ʳᵉ et 2ᵉ édition, t. 2, p. 322.

La jurisprudence administrative émane des tribunaux administratifs; mais comme les décisions des tribunaux inférieurs n'ont jamais été publiées, la jurisprudence du conseil d'état est la seule qui ait pu être consultée, et ce n'est qu'en 1818 que par les efforts réunis de MM. Sirey et Macarel, les arrêts du conseil ont obtenu une publicité si utile et si désirée.

Empressons-nous de reconnaître que si dans la période de 1800 à 1815, quelques décisions paraissent empreintes d'une pensée gouvernementale trop prononcée, depuis cette époque, le conseil a compris d'une manière plus exacte et plus juridique sa mission de préparateur des décisions

contentieuses du pouvoir exécutif. De 1800 à 1815,
le conseil d'état était plus fort, plus puissant ; la
gloire du maitre, qui se reposait des fatigues de la
guerre en discutant au milieu de son conseil d'état
les lois destinées à son vaste empire, rejaillissait
sur ce conseil. Ses autres fonctions pâlissaient à
côté des travaux de législation.

Depuis 1815, moins de gloire, moins d'importance politique, mais aussi beaucoup plus de garantie pour une saine distribution de la justice
administrative, tel a été le caractère principal du
conseil d'état (1).

Ceux qui recherchent la vérité sans passion,
s'étonneront sans doute, qu'au milieu d'une uni-
verselle réprobation de la législation administrative
répétée de bouche en bouche, dans l'application
de milliers de lois qui ne présentaient que le chaos,

_____

(1) Dans une espèce fort importante, M. Cotelle, t. 2, p. 493,
n° 5, rend justice à l'équité du conseil en ces termes : « C'est là
» une décision équitable dans laquelle le conseil n'a point éludé
» les principes dont on lui demandait une application nette et
» loyale ; la jurisprudence administrative n'a pas un plus beau
» monument de justice et d'équité. (*Ordonnance* Meriet, du 27
» mai 1839.)

au dire des premiers publicistes, sans règles ni principes posés soit dans des lois, soit dans des livres de doctrine, le conseil d'état ait eu l'habileté d'établir instinctivement les principes, d'y rattacher ses solutions et de créer un corps de jurisprudence dont on est forcé d'admirer la sagesse (1).

La cour de cassation avait été instituée pour ramener tous les tribunaux de France à l'unité de doctrine et de jurisprudence, à la stricte application de la loi ; mais la doctrine était certaine, la loi était codifiée, et cependant les auteurs ont vivement combattu des erreurs échappées à la cour suprême, et cependant cette cour est souvent revenue elle-même sur ses propres arrêts.

Quels n'étaient pas les écueils sur lesquels pou-

_____

(1) Souvent la juridiction du conseil a été revendiquée comme garantie. Voyez un exemple dans l'ordonnance du 12 avril 1838 (Gilbert). Le conseil de préfecture s'était déclaré incompétent. Les nombreuses clauses dont nous n'avons pas pu admettre la légalité, et par lesquelles les adjudicataires et sous-traitants déclarent *entre eux* soumettre leurs discussions aux tribunaux administratifs ne témoignent-elles pas de l'utilité de cette juridiction ?

vait échouer le conseil d'état, lorsqu'il était appelé à opposer aux violences politiques du pouvoir et des individus, des principes que souvent il venait de créer et qu'il devait maintenir dans un intérêt général bien entendu.

Dans mon livre, je n'adopterai pas toutes les opinions du conseil, mais je ne combattrai pas plus de décisions que, dans mes autres travaux sur la procédure ou sur le droit criminel, je n'ai eu à combattre d'arrêts de la cour de cassation (1).

On parle beaucoup de l'indépendance des tribunaux judiciaires, de leur résistance aux ordonnances illégales émanant du pouvoir exécutif. On est bien loin d'admettre que, jamais, le conseil d'état, dont les délibérations ne produisent qu'un avis ou un simple projet de décision, ait osé proposer de déclarer l'illégalité d'une ordonnance.

C'est une erreur. Sur les conclusions de l'honorable maître des requêtes, M. de Chasseloup-Laubat,

---

(1) Dans notre *Théorie du Code pénal*, mon savant ami M. FAUSTIN HÉLIE, et moi, nous avons souvent signalé l'empreinte des diverses époques sur les monuments d'une jurisprudence qui, quelquefois même, avait subi l'influence d'un seul homme...

le conseil a déclaré qu'une ordonnance royale avait empiété sur la juridiction judiciaire, et a renvoyé les parties à se pourvoir devant les tribunaux civils, *attendu qu'une ordonnance royale n'avait pu déroger aux règles du droit commun* (1).

Les nombreuses ordonnances qui annulent des conflits élevés sur les ordres des ministres, qui infirment des décisions ministérielles, témoignent de l'indépendance du conseil d'état (2).

Plus indépendant, le conseil ne serait plus un conseil du pouvoir exécutif, il serait dominateur, il serait un pouvoir... (3).

Quoi qu'on en ait dit, je pense que la possession des domaines nationaux eût été violemment troublée, si le pouvoir judiciaire avait été chargé, à nos époques de réaction, d'apprécier la validité, la

------

(1) 29 mars 1832. Mont de piété de Strasbourg.

(2) Etait-ce donc à cause de leur indépendance que les tribunaux furent si violemment attaqués en 1830?... Il serait curieux de tracer l'histoire des décisions judiciaires que la voix publique a attribuées à la passion, à la faiblesse, à l'ignorance, et de comparer deux jurisprudences, l'une vénérée, l'autre soumise à des attaques incessantes.....

(3) *Suprà*, p. xxxiij et suiv., j'ai tâché de démontrer cette thèse.

régularité des adjudications publiques de 1792 à 1799. Il fallait que la pensée politique qui avait prescrit la vente, veillât à la conservation de son œuvre. Cette législation sur les biens nationaux, qui devrait être rentrée dans le domaine de l'histoire, a fourni matière aux plus violentes attaques contre le conseil d'état, qu'on a voulu faire considérer comme le seïde du pouvoir. Elle n'offrait qu'une dérogation au droit commun. La raison d'état, non pas seulement à l'époque de l'empire, mais sous les régimes antérieurs, avait attribué au pouvoir exécutif seul le droit et le devoir de maintenir, d'une main ferme, les innombrables transactions qui avaient été la suite et la conséquence de violentes dépossessions.

La juridiction gracieuse et contentieuse du conseil d'état s'est exercée depuis quarante ans avec prudence, sagesse et vigilance (1).

C'est au pouvoir exécutif à multiplier les garanties de publicité et d'examen, pour faire dispa-

(1) Deux statistiques quinquennales ont été publiées en 1835 et en 1840. Chacun doit les lire avant de songer à la critique, qui émane le plus souvent de l'erreur, résultat de l'ignorance.

raître les préventions qui se sont attachées à l'existence des tribunaux administratifs.

Instruction écrite, rapports, publicité, plaidoiries, conclusions de ministère public, dans toutes les affaires contentieuses, ce sont des garanties suffisantes qui doivent être accordées dans tous les degrés, devant les conseils de préfecture (1), devant le ministre, devant le conseil.

La presse et la tribune complètent suffisamment le système de sécurité pour les droits individuels. La responsabilité ministérielle répond des intérêts généraux.

Une des plus grandes difficultés de mon travail, a été d'examiner chacune des ordonnances rendues depuis quarante années... Parmi ces milliers d'arrêts, je crois pouvoir affirmer que, soit dans les recueils, soit dans les auteurs, il y en a par *centaines,* auxquels on a attribué des solutions

---

(1) On peut consulter avec fruit les ouvrages de MM. Fregier, chef de division à la préfecture de la Seine, et de Saint-Hermine, conseiller de préfecture de Bourbon-Vendée, sur les améliorations à apporter dans l'organisation des conseils de préfecture.

complètement étrangères à l'espèce jugée et au sens de la décision.

Il faut bien que je le dise, parce que l'observation est de nature peut-être à provoquer une réforme et une amélioration ; trop souvent, dans les arrêts du conseil , on rencontre des expressions qui peuvent induire en erreur ; c'est en général de ces expressions qu'on a déduit de fausses conséquences. En voici deux exemples (1) :

1° Un arrêté d'un préfet est attaqué devant le conseil d'état. Au lieu de s'exprimer ainsi : « Attendu que le préfet n'exerce de juridiction » contentieuse que dans les cas qui lui sont ex- » pressément dévolus par une loi, et que, dans » l'espèce, c'était au ministre à décider, sauf re- » cours au conseil, le pourvoi est déclaré non- » recevable.» De nombreux arrêts, dont il est inutile de citer les dates, parce que leur existence ne sera contestée par personne, ont dit, tantôt : *l'arrêté du préfet ne pouvait nous être directement déféré;* tantôt : *ce n'est pas devant la justice conten-*

---

(1) Voy. *suprà*, p. cxxv, mon § du *Langage administratif.*

tieuse que devait être porté le pourvoi; tantôt : attendu que la matière n'était pas contentieuse, le pourvoi est rejeté, etc.

2° Plusieurs ordonnances renferment ces locutions : *question qui est administrative et non contentieuse. — Cette mesure est un acte administratif, qui ne peut être déféré au conseil. — Cette mesure étant d'ordre public, n'est pas susceptible d'être attaquée par recours contentieux,* etc.

Ne peut-on pas répondre que les questions *contentieuses* sont des questions *administratives,* et que le contentieux naît précisément des *actes d'administration, que la raison d'ordre public* n'enlève pas le *recours contentieux aux droits individuels* qui sont blessés, etc., etc. (1).

Plus le rôle jurisprudentiel du conseil d'état est important , plus ce tribunal administratif supérieur doit s'étudier à créer un langage juridique (2).

_____

(1) Voy. *suprà*, p. cxx.

(2) Je crois avoir prouvé à mon § du *Langage administratif,* que les contradictions et les erreurs sur la compétence administrative proviennent surtout de la confusion dans le langage.

Je lui reprocherai également ce vague, ce mutisme même, qu'on remarque dans les arrêts qui statuent sur une question de séparation de pouvoirs. Le conseil déclare que les tribunaux civils ne sont pas compétents, et que la connaissance de l'affaire appartient à l'autorité administrative. Mais à quelle partie de cette autorité ? la matière est-elle gracieuse ou contentieuse ? qui statuera ? Le préfet, le conseil de préfecture, le ministre, ou le conseil lui-même en premier et dernier ressort ?

Le conseil d'état doit prouver dans toutes ses décisions que le jugement du fait est subordonné à des principes certains et invariables. La preuve résultera des expressions propres à ces principes.

Un dernier mot, sur les arrêts du conseil convertis en ordonnances royales par la signature du roi et le contreseing d'un ministre, et publiés dans le Bulletin des lois.

Dans la préface de son Recueil de lois de 1821, M. ISAMBERT, sous cette rubrique : *Des arrêts du conseil*, a tracé avec son savoir ordinaire et sa profonde science , l'historique du conseil d'état (1). Il pense que les arrêts du conseil qui doivent être convertis en ordonnances royales , n'en restent pas moins des décisions particulières qui ne sont obligatoires que pour ceux qui les obtiennent. Ce savant publiciste avait déjà dit , tome 1er, page 655, à la note , que l'insertion de quelques-uns de ces arrêts au Bulletin ne changeait nullement leur caractère.

L'habile annotateur des lois et ordonnances , M. Duvergier , tome 31 , page 561 , note 2, s'exprime en ces termes : « Il est assez singulier » qu'on insère au Bulletin des lois et ordonnances » des actes comme celui-ci (2) , qui , malgré leur » titre , ne sont véritablement que des arrêts du » tribunal suprême administratif. Autant vaudrait » insérer les arrêts de la cour de cassation : nous » faisons cette observation afin de mettre en évi- » dence le caractère des actes. »

_____

(1) Je n'ai pas cru devoir , dans cette introduction, m'occuper de l'historique et de l'organisation du conseil. Ce sont des notions qu'on trouve partout, et notamment dans les deux rapports de MM. Vatout et Dalloz.

(2) L'arrêt du conseil sur le pourvoi de la compagnie des ponts de Paris , 11 octobre 1831.

MM. Roche et Lebon, dans la préface de leur nouvelle édition des Arrêts du conseil, émettent une opinion contraire : « Parmi les décisions, » il en est beaucoup qui ont été insérées dans le » Bulletin des lois, et qui, par cette insertion, » ont FORCE DE LOI INTERPRÉTATIVE. Nous les avons » choisies plus particulièrement pour nos anno- » tations. »

Je n'ai pas parfaitement compris le sens de la note jointe à ce passage, dans lequel ces auteurs paraissent confondre *les arrêts du conseil* après discussions des parties, et *les avis de ce conseil* sur des points de législation contestés, *approuvés par l'empereur.*

Quant à mon sentiment sur la force des arrêts du conseil, il n'a jamais varié ; j'adopte l'opinion de MM. Isambert et Duvergier. Notre système constitutionnel et les principes administratifs ne permettent pas d'attribuer le même caractère aux actes du pouvoir législatif, à ceux du pouvoir exécutif pur et à ceux de l'administration active.

IX. PLAN DE L'OUVRAGE, ET MOTIFS DE CE PLAN.

> Nous avons préparé les voies et péniblement avancé
> sur un terrain nouveau avec la circonspection du
> doute ; d'autres viendront ensuite qui joindront à
> nos labeurs les trésors d'une jurisprudence perfec-
> tionnée, et qui, plus fermes dans leur marche et
> plus habiles dans la disposition de leur travail,
> élèveront le droit administratif au rang des sciences
> véritables.
>
> M. de Cormenin, éd. de 1826, t. 1er, p. 28.

Personne ne pensera sans doute que, novateur
imprudent, j'aie voulu me poser comme plus *habile*
que le maître de la science. J'ai peut-être *osé*
plus que lui (1).

M. de Cormenin a dit dans les préfaces de ses

---

(1) « Les premiers venus conçoivent, agissent, exécutent ;
» les derniers arrivés raisonnent, complètent et améliorent l'œu-
» vre de leurs devanciers. » (Blanqui, introduction à son *Histoire de l'économie politique*, p. vij.)

diverses éditions (1), qu'il tirait des conséquences
des arrêts du conseil, sans les blâmer ni les
approuver. C'est par exception qu'il traite quelques questions graves.

J'ai pensé au contraire que pour tirer des conséquences, il faut un principe, il faut une théorie ; que pour avoir une théorie, il faut blâmer
ou approuver.

Si l'on se contente de constater l'état de la
jurisprudence, cette jurisprudence ayant varié
dans beaucoup de cas, il en résulte que trois ordonnances, citées dans plusieurs chapitres, peuvent engendrer trois principes ou trois conséquences contraires.

En général, les auteurs qui ont écrit sur le
droit administratif (2), se rattachent, pour établir

_____

(1) Notamment, 3e édit., t. 1er, p. 28.

(2) J'avais longuement examiné le plan de chacun de ces auteurs généraux ou spéciaux. Pour justifier mes critiques, j'étais
entré dans de nombreux détails fort peu importants pour la
science. J'ai craint qu'on ne se méprît sur le motif qui avait déterminé cet examen, et j'ai retranché cette partie de mon travail
dont je parle, parce que je l'avais annoncé.

Quant à la nomenclature des ouvrages, je renvoie à MM. DE

la compétence, à des textes qu'ils recherchent péniblement. Ils s'estiment heureux quand les lois
de pluviôse an VIII, les décrets de 1806, etc., etc.,
viennent leur offrir un point d'appui ; lorsque
cette ressource leur manque, ils invoquent les
arrêts du conseil, et si ces arrêts sont contradictoires, le chaos reparaît à leur esprit inquiet, le
fil conducteur leur manque, ils avouent le doute,
l'incertitude qui les arrêtent.

Mon système est entièrement opposé à celui de
mes devanciers ; car, avant d'écrire, j'ai recherché
et j'ai reconnu des principes primitifs se rattachant
à l'organisation sociale : j'en ai exposé les conséquences.

Lorsque la législation les confirmait, ce n'était
qu'une consécration nécessaire.

Lorsque la législation les modifiait, c'était un
déclassement qui rentrait dans le domaine du législateur.

Lorsque la jurisprudence les contrariait, je com-
battais cette jurisprudence.

Cormenin et Foucard, qui ont donné, le premier à la suite
de chaque matière, le second à la fin de son 3ᵉ volume, une
bibliographie très-complète du droit administratif.

XII*

Sous ce point de vue, la législation n'était que secondaire. Je la considérais plutôt comme juridictionnelle (1), que comme déterminant la compétence administrative. La jurisprudence était appelée à confirmer les principes et à les appliquer, mais non à les créer ni à suppléer le silence du législateur.

Je ne me suis pas dissimulé la difficulté et même la gravité de la tâche que j'allais entreprendre ; j'ai voulu, avant de livrer à la critique un système aussi périlleux, l'expérimenter dans mon cours. Les résultats ont surpassé mon attente. Mes élèves ont prouvé, dans leurs thèses, que la *compétence administrative* pouvait se formuler en principes ; ils en ont clairement déduit les conséquences, ils les ont défendus avec assurance : voilà pourquoi j'ai répondu à l'appel de M. de Cormenin ; j'ai rêvé *pour le droit administratif l'état de science véritable.*

---

(1) M. DE CORMENIN a dit avec raison *que les JURIDICTIONS se prouvent et ne s'induisent pas* (V. suprà, pag. cxxxiij.)

Je dois une explication sur la forme même que j'ai suivie.

J'ai développé ma doctrine sur l'ensemble de la compétence et de la juridiction administratives, tout d'un trait, sans discussion, sans commentaire, sans aucun renvoi aux lois, ordonnances, arrêts ou opinions d'auteurs. Je soumets mon œuvre à la sévérité de la critique, sans vouloir me retrancher derrière la législation, la jurisprudence et la doctrine.

Si les principes que j'ai posés sont logiques, et s'harmonisent avec l'organisation constitutionnelle, qu'importent *la législation, la jurisprudence* et *la doctrine ?* On ne doit y avoir recours que pour la discussion et les questions de détail.

Si au contraire ma théorie n'offre aux yeux des hommes graves, des administrateurs habiles, et des auteurs, qu'un échafaudage imaginaire de principes péniblement édifiés, sans méthode, sans ordre, sans conséquences possibles..... qu'importent encore *la législation, la jurisprudence* et *la doctrine ?*

Tel est le motif qui m'a déterminé à publier

d'abord ma doctrine *toute nue* (qu'on me passe l'expression). Ainsi présentée, elle sera plus facilement jugée. On lui aura promptement assigné son caractère propre. J'attends l'arrêt de la science...

Après d'aussi longs travaux, d'aussi pénibles recherches, je devais réunir la pratique à la théorie pour être utile au moins, si je ne pouvais pas être nécessaire (1).

Dans une seconde partie, dont chaque numéro (2) correspond aux numéros de la pre-

---

(1) En relisant les feuillets de mon ouvrage, je les ai trouvés décolorés ; dépouillés de tout artifice de langage, ils déplairont peut-être à cause de leur sécheresse même, surtout à une époque où le style vient embellir le récit des délais et des déchéances (*) ; mais le temps me pressait. Le pouvoir législatif était prêt à briser pour toujours la clef du système. Se hâter était un devoir ; on me pardonnera les répétitions de mots, de phrases, de locutions. Si on juge sévèrement les principes, qu'on soit indulgent pour l'écrivain.

(2) J'ai placé des numéros devant presque tous les alinéas de mes principes de compétence et de juridiction, pour faciliter la concordance entre le texte, les notes, observations et discussions.

(*) BONCENNE, *Théorie de la procédure civile.....*

mière, j'ai réuni, groupé et discuté tout ce que la *législation*, la *jurisprudence* et la *doctrine* peuvent offrir de documents sur la compétence et la juridiction. J'ai examiné d'une manière approfondie toutes les questions graves qui divisent les auteurs et le conseil d'état.

Je crois pouvoir donner l'assurance qu'on trouvera dans mon livre un traité complet des attributions des conseils de préfecture.

J'ai parlé des *juridictions* après avoir posé mes principes de compétence, par ce motif que la compétence sans juridiction est une idée sans moyen d'action, un principe abstrait sans démonstration pratique. La compétence produit la juridiction ; la juridiction vivifie la compétence.

J'ai voulu compléter mon ouvrage, en rendant à chaque matière du droit administratif sa forme habituelle. Aussi, dans une troisième partie, *par ordre alphabétique*, j'ai analysé rapidement chacune de ces matières, en renvoyant aux divers passages des principes et des notes où elle est envisagée comme *gracieuse* ou *contentieuse*, comme appartenant au *pouvoir judiciaire* ou au *pouvoir administratif*, à la *juridiction du préfet, du*

*conseil de préfecture, du ministre ou du conseil
d'état* (1).

J'ai envisagé la compétence administrative, sous
ces trois physionomies :

> *Principes de compétence ,*
>
> *Principes de juridiction ,*
>
> *Matières soumises à ces principes.*

J'ai multiplié les divisions pour être plus clair,
plus facilement compris (2), en évitant toutefois les
distinctions arbitraires qui, comme le dit M. Boncenne (3), déplacent et énervent les principes , et
projettent une sorte d'ombre tremblante qui ne
permet pas de saisir un point fixe.

On lit dans l'introduction de M. DE CORMENIN,

---

(1) Cet ordre alphabétique raisonné est indépendant des tables chronologiques et alphabétiques placées à la fin de l'ouvrage.

(2) Un corps de lois est comme une vaste forêt; « mieux il est
» percé, plus il est connu. On s'y oriente plus aisément. » (BEN-
THAM, *Traité de la législation*, t. 3, p. 185; BONCENNE, t. 3,
p. 166.)

(3) T. 3, p. 187.

p. xliv : « Tout passe , toute œuvre de l'homme,
» comme l'homme lui-même, ne vit que son temps,
» et ce temps est court. Mon livre qui embrasse
» l'histoire jurisprudentielle d'un quart de siècle,
» et qui m'a coûté tant de méditations, de labeurs
» et de veilles, que sais-je ce qu'il vaut et ce qu'il
» peut vivre? Je n'ai guère été que le tailleur de
» pierre et le maçon d'un édifice plus régulier
» qu'après moi dresseront les architectes. Mais dût
» mon nom ne se lire un jour qu'à demi effacé sous
» les fondements du droit administratif, je n'en
» demande pas davantage. »

J'ai tenté d'être cet ARCHITECTE. J'ai suivi les pré-
ceptes de DUMOULIN, de DOMAT, de POTHIER... Les
pierres pour la science du droit, sont *les lois, les*
arrêts. Il ne suffit pas de les numéroter, il faut
les mettre en œuvre. Le vulgaire qui voit des
masses informes de matériaux dit, avec M. de
Cormenin lui-même, *c'est un chaos ;* il ne peut
admirer l'édifice que lorsque cet édifice offre l'as-
pect imposant d'une construction complète sous
toutes ses faces.

Je n'ai pas la ridicule présomption de croire que
la science administrative soit sortie compacte de
mon cerveau. Nouveau Prométhée, j'aurais voulu

pouvoir donner la vie à mon œuvre. Heureux si le bloc informe que j'ai dégrossi est, un jour, touché par un moderne Phidias , et si nos maîtres en la science, les DE GÉRANDO , les DE CORMENIN , les MACAREL, etc., etc., daignent animer ces principes de leur puissante raison, et font pardonner la témérité de l'auteur en fécondant sa pensée.

PRINCIPES

DE

COMPÉTENCE ET DE JURIDICTION

ADMINISTRATIVES.

PREMIÈRE PARTIE

PRINCIPES.

LIVRE PREMIER

COMPÉTENCE.

OBSERVATIONS PRÉLIMINAIRES

Sur la compétence administrative.

1. — La *compétence* en général désigne la mesure du pouvoir départi à chaque fonctionnaire public.

2. — La *compétence administrative* exprime spécialement la mesure de juridiction du pouvoir exécutif.

3. — A la *compétence administrative* se rattachent la délimitation de tous les actes du pou-

1

voir exécutif, les règles qui déterminent sa nature, son action et ses attributions.

4. — Ce pouvoir peut se développer librement, pourvu qu'il respecte les limites qui le séparent du pouvoir législatif et du pouvoir judiciaire.

5. — Les actes qui émanent du pouvoir législatif sont empreints d'un caractère de souveraineté qui ne permet ni réclamation, ni recours. La *compétence administrative* ne les concerne pas. Les lois de déchéance, les lois qui circonscrivent l'exercice de certaines libertés, blessent des intérêts privés, quelquefois même des droits; mais ces intérêts, ces droits sont sacrifiés à l'intérêt général : *Dura lex, sed lex.* Le devoir d'un bon citoyen est d'obéir à la loi.

6. — Lorsque le pouvoir législatif viole la constitution, il s'opère une modification des bases de l'organisation sociale.

7. — Pour déterminer d'une manière exacte la nature du pouvoir exécutif et les limites de son action, il faut le diviser et le définir.

8. — Le pouvoir exécutif se divise en
 Pouvoir exécutif pur,
 Et *Administration active*.

9. — Le mot *gouverner* révèle le pouvoir exécutif pur, le mot *administrer* l'administration active.

10. — *Le pouvoir exécutif pur* constitue l'action gouvernementale; ainsi, il se manifeste par les ordonnances nécessaires à l'exécution de la loi, par

l'exercice de la part de souveraineté que lui délègue en certains cas le pouvoir législatif, par les
règlements généraux d'ordre, de police et de sûreté
publiques, par les traités, conventions et capitulations militaires, par les actes de haute police administrative, par la correspondance officielle entre
ses agents pour les améliorations morales et matérielles à introduire dans la direction des affaires
publiques, par les nominations aux diverses fonctions publiques, les destitutions ou mises à la retraite, et la discipline à exercer sur ses agents.

11. — L'administration active protége les intérêts généraux de la société en surveillant l'action
de chaque citoyen.

12. — *L'administration active* se subdivise en administration active *au premier chef* ou *pouvoir
gracieux*, et administration active *au second chef*
ou *pouvoir contentieux*.

13. — L'administration active est toujours en
contact avec les citoyens. *Au premier chef*, elle
touche seulement leurs intérêts et provoque les réclamations. *Au second chef*, elle blesse leurs droits.
Un recours est alors ouvert contre ses décisions.

14. — S'il arrive que, pour un acte de l'administration active au premier chef, un recours soit
ouvert, ou que, pour un acte de l'administration active au second chef, la voie de recours soit interdite, c'est alors un déclassement légal, *sic voluit
lex*. L'exception édictée par le législateur confirme
les principes de la doctrine.

TITRE PREMIER.

ATTRIBUTIONS DU POUVOIR EXÉCUTIF PUR.

CHAPITRE PREMIER.

*Exécution de la loi, délégation législative, et règlements
généraux d'ordre, de police et de sûreté publiques.*

15. — Un des premiers attributs du pouvoir
exécutif pur est de veiller à la sécurité et à la salubrité publiques, de pourvoir à l'exécution des lois,
et de faire les ordonnances et règlements que nécessite cette exécution. Souvent même le pouvoir législatif délègue au pouvoir exécutif pur la mission

de compléter, par une ordonnance, la pensée du législateur.

16. — Le roi, chef du pouvoir exécutif pur, fait des ordonnances qui prennent le nom de *règlements d'administration publique.*

17. — Les ministres, les préfets, les maires, principaux agents du pouvoir exécutif pur, ont aussi le droit, chacun dans sa sphère, de faire des règlements obligatoires.

18. — La différence entre le pouvoir exécutif pur et l'administration active au premier chef, en ce qui concerne les règlements, est facile à saisir. Dans le premier cas, les actes du pouvoir sont primordiaux et généralisateurs; dans le second cas, au contraire, les actes de l'administration sont secondaires et spéciaux. Un seul exemple mettra en saillie cette différence : un règlement de police qui prescrit des mesures sanitaires est un acte du pouvoir exécutif pur; un règlement d'eau entre plusieurs communes ou entre plusieurs particuliers est un acte de l'administration active au premier chef.

19. — Pour veiller à la sécurité et à la salubrité publiques, le pouvoir exécutif pur peut et doit faire des règlements qui obligent tous les citoyens. Cette matière est trop mobile, trop variable, trop temporaire pour être réglée par le pouvoir législatif. Ces règlements ne peuvent, il est vrai, prononcer aucune peine, mais ils ont leur sanc-

tion dans les dispositions du Code pénal qui déterminent les peines applicables à l'infraction aux
dispositions réglementaires, faites par l'autorité
compétente. Les règlements qui sont obligatoires
pour tous les habitants du territoire émanent du
pouvoir royal. Les préfets font des arrêtés qui concernent le département; et au maire *seul* appartient
le droit de la police municipale.

20. — L'exécution des lois ressort de la qualification même du pouvoir *exécutif* par. Entre les
attributions du législateur qui ne doit jamais descendre aux détails, et celles du pouvoir exécutif
qui ne doit jamais pénétrer dans le domaine de la
loi, je sais que la nuance est délicate. L'importance de cette distinction d'attributions est de nature à frapper tous les esprits, quand on réfléchit
que les tribunaux, soit judiciaires, soit administratifs, peuvent refuser toute sanction aux ordonnances royales illégalement rendues.

21. — On restreint inconstitutionnellement
les attributions du pouvoir exécutif en ensei-
gnant que le pouvoir législatif et le pouvoir exécutif diffèrent, en ce que le premier n'agit que par
des décisions générales et permanentes, tandis que
que les actes du pouvoir exécutif ne sont que des
décisions particulières, toujours relatives aux circonstances et mobiles comme elles. Car au pouvoir
exécutif pur appartient le droit de compléter la loi
pour lui procurer vie et exécution. Ce n'est pas
seulement son droit, c'est son devoir. Les actes de

ce pouvoir ont donc souvent un caractère général
et permanent.

22. — Je n'admets pas non plus que le pouvoir
exécutif soit dessaisi de ses attributions déterminées
par la loi fondamentale, parce que ses actes devraient contrarier des dispositions législatives promulguées à une époque où le pouvoir législatif
avait réuni en ses mains le pouvoir exécutif et quelquefois même le pouvoir judiciaire. Pour juger de la
constitutionnalité de l'acte du pouvoir exécutif,
c'est donc à l'étendue de son droit que je m'attache,
à la matière qu'il réglemente, et non aux dispositions déjà existantes.

23. — C'est au pouvoir législatif à établir l'impôt quel qu'il soit, à déterminer la circonscrip-
tion territoriale, à régler le mode d'exercice des
droits civils et politiques, la possession des biens,
les effets civils des conventions et à prononcer des
peines.

24. — C'est au pouvoir exécutif à veiller à notre
sécurité, à l'ordre, à la salubrité publique, à faire
exécuter les lois, à pourvoir enfin à tout ce que la
loi n'aura pas prévu, si le salut de l'état l'exige.

25. — Plus sa responsabilité est immense, plus
on doit lui accorder liberté d'action, toujours en
le renfermant dans ses limites, *exécution des lois*.

26. — « Les lois proprement dites diffèrent des
» simples règlements, a écrit *Portalis l'ancien*. C'est
» aux lois à poser, dans chaque matière, les règles

» fondamentales et à déterminer les formes essen-
» tielles. Les détails d'exécution, les précautions
» provisoires ou accidentelles, les objets instanta-
» nés ou variables, en un mot, toutes les choses
» qui sollicitent bien plus la surveillance de l'au-
» torité qui administre, que l'intervention de la
» puissance législative qui institue ou qui crée,
» sont du ressort des règlements. Les règlements sont
» des *actes de magistrature*, et les lois des *actes de*
» *souveraineté.* »

27. — « Le pouvoir exécutif, a dit le vénéra-
» ble Henrion de Pansey, consiste plus en action
» qu'en délibération. Au contraire, la puissance
» législative, toute en délibération, appartient ex-
» clusivement au domaine de la pensée. »

28. — Pour éviter de graves difficultés, les
lois chargent en général le pouvoir exécutif pur de
faire des règlements d'administration publique qui
en complètent le système, ou qui doivent pourvoir
à l'exécution. C'est ainsi que notamment les lois
sur *les sels*, sur *les boissons*, sur *l'organisation*
des tribunaux, sur *la police sanitaire*, sur *les*
maisons de détention, sur *les établissements d'alié-*
nés, etc., etc., se servent de cette locution:
il sera pourvu à l'exécution de la présente loi ou
à tel objet spécial par un règlement d'administra-
tion publique.

29. — La délégation législative peut être exercée par un ministre: c'est ainsi que le ministre des
finances accorde ou refuse à tel ou tel départe-

ment le droit de planter du tabac; même, en certains cas, par un préfet.

30. — Les conseils généraux exercent aussi, par voie de délégation, le pouvoir législatif, soit en distribuant l'impôt entre les arrondissements et en statuant définitivement sur les réclamations des communes, soit en votant des centimes additionnels spéciaux à la charge des départements.

31. — Les conseils municipaux sont quelquefois investis des mêmes prérogatives.

32. — Le conseil royal de l'université a également reçu mission de remplir en certains cas l'office de législateur.

33. — Contre les divers actes du pouvoir exécutif pur que je viens d'indiquer et contre tous autres de même nature, on ne reçoit ni demande en révision, ni réclamation, ni recours.

34. — Néanmoins une exception restrictive doit être admise toutes les fois qu'un réglement général, qui n'est pas le résultat immédiat d'une délégation législative, contient une disposition qui froisse spécialement un intérêt privé ou qui lèse un droit: la voie gracieuse ou le recours contentieux appartiennent aux parties qui se plaignent.

35. — Il ne faut pas confondre les dispositions mêmes de ces réglements et arrêtés généraux avec l'exécution qui en est faite par les agents de l'administration, et qui peut donner lieu à des actes susceptibles d'être attaqués par la voie gracieuse ou par le recours contentieux.

CHAPITRE II.

Traités, conventions diplomatiques et capitulations militaires.

36. — Les traités, conventions diplomatiques et capitulations militaires sont d'une trop haute importance pour qu'ils puissent faire l'objet d'une réclamation particulière ; ils sont placés sur la même ligne que les actes législatifs.

37. — Ainsi au pouvoir exécutif pur appartient la mission exclusive d'apprécier la validité des *conventions* diplomatiques, et même de les interpréter, lorsque cette interprétation ne froisse pas un droit ; car, en ce dernier cas, l'exécution du traité peut, comme l'exécution de la loi elle-même, donner lieu à une discussion qui est soumise aux tribunaux compétents.

38. — Les capitulations militaires sont régies par le même principe. La question de savoir si la France doit être tenue des dettes du pays conquis ne peut se résoudre par les règles ordinaires du droit civil, ni même du droit auquel est soumise l'administration active.

39. — Je pense également qu'on ne peut pas faire rentrer dans le contentieux administratif les réclamations d'un agent diplomatique, qui se rattachent à l'exécution des instructions qu'il a reçues,

lorsque la négociation a un caractère essentiellement secret.

CHAPITRE III.

Actes de haute police administrative.

40. — Les actes de haute police administrative se rattachent intimement aux relations de la France avec les pays étrangers.

41. — Le pouvoir exécutif pur doit avec soin examiner tous les décrets, bulles, lettres, rescrits du pape ou des synodes étrangers, avant d'en permettre la publication en France. Il doit veiller à ce qu'aucun acte d'une puissance étrangère ne reçoive en France son exécution qu'autant que cet acte est conforme à la constitution, aux lois et ordonnances du royaume.

42. — L'extradition d'un étranger ou d'un Français, demandée ou refusée, ne peut donner lieu ni à réclamation, ni à recours.

43. — C'est à regret sans doute que j'adopte la même solution pour l'expulsion d'un étranger du sol hospitalier de la France ; mais la raison d'état l'exige, *salus populi suprema lex esto.*

44. — Les dispositions qui prescrivent la sanction ou la haute approbation du gouvernement, pour certains actes de l'autorité religieuse, ont presque

toutes pour motifs les liens qui unissent les ministres de la religion de l'immense majorité des Français avec un souverain étranger, leur chef spirituel.

45. — Pour prévenir les empiètements du pouvoir spirituel, la loi a réservé au pouvoir exécutif pur la mission d'annuler, pour *abus*, dans des cas déterminés, les actes de ce pouvoir.

CHAPITRE IV.

Instructions et correspondance officielles entre les divers agents du pouvoir exécutif, pour les améliorations morales et matérielles à introduire dans la direction des affaires publiques.

46. — Du principe de responsabilité ministérielle, il suit que, dans l'ordre administratif, l'agent inférieur doit obéissance à l'agent supérieur ; s'il ne veut pas obéir, il envoie sa démission. De là la nécessité fréquente, pour les agents supérieurs, d'éclairer leurs subordonnés par des lettres, circulaires et instructions.

47. — Ces lettres, ces circulaires, ces instructions, adressées par les agents supérieurs de l'administration à leurs subordonnés, sont des actes du pouvoir exécutif pur, et ne peuvent être ni critiquées, ni attaquées par les citoyens.

48. — Comme exemples, je citerai les instructions générales adressées par M. le ministre des finances à tous les employés, soit des contributions directes, soit de l'enregistrement et des domaines, et par M. le ministre de l'intérieur à tous les préfets, etc., etc.

49. — Ces instructions, pour appartenir au pouvoir exécutif pur, doivent avoir le caractère de généralité qui sert toujours à distinguer ce pouvoir de l'administration active au premier chef.

50. — Je ferai deux observations qui doivent resserrer les principes de ce chapitre dans leurs véritables limites : *la première*, que les instructions ministérielles, lors même qu'elles présentent l'apparence d'une décision, ne font pas obstacle à ce que les parties intéressées se présentent devant qui de droit pour y faire prévaloir leurs prétentions, parce que ces instructions, prises en dehors de la juridiction de l'agent dont elles émanent, n'ont aucun caractère de décision, et ne peuvent produire la chose jugée; *la seconde*, que la réclamation ou le recours sont toujours permis au citoyen qui se plaint d'un acte d'exécution de la circulaire ou instruction.

CHAPITRE V.

Nominations.

51. — La nomination aux fonctions publiques est réservée au pouvoir exécutif pur qui doit, dans certaines limites et sous certaines conditions, être complètement libre de son choix.

52. — Il est défendu aux corps, tels que les tribunaux judiciaires ou administratifs, les facultés, le génie, les mines, etc., de s'opposer à l'installation de celui qui a été nommé par le roi. Au pouvoir exécutif pur seul le droit de nommer; si le pouvoir judiciaire ou le pouvoir législatif appréciaient cette nomination pour l'infirmer, le pouvoir exécutif pur serait soumis à un contrôle inconstitutionnel. Toutefois le pouvoir législatif peut, en certains cas, refuser l'allocation au budget du traitement du fonctionnaire nommé, et même frapper de censure l'acte ministériel.

53. — Ainsi nulle critique individuelle ne peut s'élever contre les actes de nomination d'un conseiller d'état, d'un magistrat, d'un préposé en chef de l'octroi, contre le refus d'adhésion à la nomination émanant d'un évêque, etc., etc.

54. — Quant au grade militaire, où l'officier le demande en vertu de son rang d'ancienneté qu'il

soutient avoir été méconnu, ou il le réclame par suite d'une disposition de loi qui le lui accorde après un certain nombre d'années de service. Dans le premier cas, le pouvoir exécutif pur, quoiqu'astreint légalement, comme pour presque toutes les autres fonctions, à suivre certaines conditions, n'engage que sa responsabilité en oubliant les règles posées par le législateur. Le principe contraire désorganiserait la discipline. Dans le second cas, ce n'est plus le pouvoir exécutif pur qui nomme, c'est la loi; le militaire, par la seule force de la loi, se trouve investi d'un grade nouveau et peut en porter les insignes.

55. — On a beaucoup et longuement disserté sur l'utilité et le mode des concours pour la nomination aux chaires des diverses facultés. Ce n'est pas ici le lieu de faire connaître mon opinion sur cette question, qu'on aurait voulu élever à la hauteur d'une question de liberté constitutionnelle, et qui me paraît fort simple. Je dirai seulement que le pouvoir exécutif pur a le droit de régler les conditions d'aptitude pour diverses nominations, mais que, s'il détermine des formes spéciales, ces formes peuvent donner naissance à des droits acquis dont la violation produit alors le recours contentieux. Ainsi, j'admets le pourvoi au conseil d'état contre une décision du conseil royal qui refuse l'institution à un candidat nommé qui avait obtenu une dispense d'âge pour concourir, sous le prétexte qu'il n'a pas atteint l'âge requis pour être profes-

seur; je l'admets aussi contre toute décision du conseil royal qui annulle ou approuve les opérations d'un concours, ou qui, après annulation, détermine quels seront les candidats admis devant le nouveau juri.

56. — Depuis quinze ans, depuis surtout la scandaleuse destitution de M. Lecomte, avoué à Joigny, les offices ont été l'objet de discours, de pamphlets, de traités, et ont donné lieu à de nombreux arrêts. Dans le chapitre suivant, je parlerai de la destitution, je ne dois m'occuper ici que de la nomination.

57. — La difficulté est tout aussi grave, peut-être plus grave à mes yeux; ce n'est qu'après une longue et méditative hésitation que je me suis arrêté à cette opinion, que le recours contentieux devant le conseil d'état doit être ouvert contre toute décision refusant d'admettre le candidat présenté par un officier ministériel.

58. — La voie de recours est également ouverte en faveur du notaire dont la résidence sera brusquement changée.

59. — Je me suis toujours élevé contre la jurisprudence de la cour de cassation, sur la question de résidence des huissiers, jurisprudence inutile et illégale. Je pense que l'huissier changé de résidence a le droit d'interjeter appel.

60. — Les citoyens peuvent se trouver dans des positions telles que le refus des pièces nécessaires

à l'obtention des grades doive leur occasioner un préjudice réel. Je n'hésite pas, en ce cas, à leur accorder la voie du recours contentieux. Je citerai seulement le refus de reconnaître comme valable un certificat d'études faites dans une école ecclésiastique secondaire avant 1828, de délivrer un diplome de licencié ou de docteur après les épreuves requises par les lois, ordonnances ou réglements; d'admettre comme candidat aux concours de facultés un citoyen réunissant toutes les conditions d'âge et de capacité.

CHAPITRE VI.

Destitutions ou révocations et mises à la retraite.

61. — Du principe que le droit de nomination appartient sans contrôle au pouvoir exécutif pur, il ne faut pas déduire cette conséquence, qu'il a également le droit absolu de destitution ou révocation et de mise à la retraite.

62. — Pour déterminer le droit absolu ou relatif de destitution, il faut distinguer : 1° les fonction amovibles; 2° les fonctions auxquelles est attaché le caractère d'inamovibilité; 3° les fonctions desquelles résultent des droits acquis.

63. — Les fonctions amovibles sont administratives, comme celles de *ministres, procureurs généraux, préfets, procureurs du roi, sous-préfets, di-*

2

recteurs des divers services, conseillers d'état, conseillers de préfecture, instituteurs primaires, directeur spécial du bulletin officiel de la cour de cassation, etc., etc.; la destitution ou révocation de ces divers agents est un acte du pouvoir exécutif pur.

64. — Le citoyen investi de fonctions auxquelles est attaché le caractère d'inamovibilité ne peut être destitué, ou déclaré démissionnaire, ou mis à la retraite, que dans les formes indiquées par la loi. Le même principe est applicable aux fonctionnaires ou officiers publics auxquels la nomination a fait acquérir un droit de propriété qui ne peut leur être enlevé que dans les cas spécifiés par les réglements.

65. — Les magistrats, les membres de la cour des comptes, les professeurs, les officiers de terre et de mer, sont inamovibles.

66. — Les officiers ministériels, les gardes du commerce qui doivent être assimilés aux officiers ministériels, ne peuvent être destitués qu'autant qu'ils se trouvent dans les cas prévus par les décrets et ordonnances organiques qui les concernent.

67. — J'ai douté long-temps sur la faculté de destitution des maîtres de poste; j'ai même soutenu la négative le premier devant le conseil d'état; mais je ne puis refuser ce droit au pouvoir exécutif pur, et je me fonde sur ce qu'un maître de poste est un entrepreneur de relais, et que tout marché peut être résolu, sauf indemnité.

68. — Les ordonnances ou décisions ministérielles qui déclarent démissionnaire un magistrat, qui
le destituent, qui mettent à la réforme un officier,
qui révoquent un professeur, qui destituent un
officier ministériel, un garde du commerce, peuvent être attaquées par voie de recours contentieux
devant le conseil d'état. Ce conseil examine si ou
non il a été fait une saine application des lois et
des réglements.

69. — L'ordonnance du roi qui accorde à un
citoyen la décoration de la Légion-d'Honneur ne
peut être révoquée qu'autant que le nouveau chevalier n'a pas encore été admis dans l'ordre par la
prestation de serment.

70. — Il existe des professions qui ne peuvent être exercées qu'avec un brevet ou avec une
permission du pouvoir exécutif pur. Ce sont les im-
primeurs, les directeurs de théâtre, les boulangers,
les bouchers, etc. Ce pouvoir peut retirer les brevets et permissions; mais il ne le peut qu'à raison
de certaines circonstances dont l'appréciation appartient aux tribunaux administratifs contentieux.

71. — Le pouvoir législatif seul a le droit de
supprimer des sections de cours ou tribunaux, ou
des cours ou tribunaux, parce que cette suppression touche à la position de magistrats inamovibles.
Même raison de décider et même décision pour les
autres fonctions inamovibles; j'hésite à croire que
le pouvoir législatif ait le droit, au mépris des termes de la constitution, de violer, même *indirec-*

tement, une inamovibilité qui a été si vivement débattue.

72. — Quant aux officiers ministériels, quoique la loi ait délégué au pouvoir exécutif pur le droit de supprimer des charges ou d'en augmenter le nombre, je sais que la chancellerie n'use de ce droit qu'avec une extrême réserve et avec des tempéraments de nature à concilier l'exercice de ce droit et les ménagements dus à la propriété des offices.

CHAPITRE VII.

Discipline.

73. — La discipline que le pouvoir exécutif pur exerce sur chacun de ses agents est *judiciaire*, *militaire* ou *administrative*.

74. — Les actes de discipline sont à l'abri de tout recours, lorsqu'ils frappent un agent amovible ; dans le cas contraire, ils peuvent nuire à l'inamovibilité ou à la propriété des charges et des brevets ; ils sont alors susceptibles d'être attaqués par le recours contentieux.

75. — Toutefois, je dois m'empresser de déclarer que la violation de la loi ou l'excès de pouvoir sont les seuls motifs sur les quels puisse s'appuyer ce recours. Jamais l'appréciation du fond, du mé-

rite des moyens ou de l'équité ne peut être faite, en ces divers cas, par les tribunaux administratifs.

76. — Lorsque la peine disciplinaire est prononcée par les tribunaux judiciaires, le recours n'est plus permis devant l'autorité administrative.

77. — Dans le pouvoir disciplinaire administratif rentrent la suspension d'un officier de la garde nationale ou la dissolution de la garde nationale elle-même.

78. — Les actes du pouvoir exécutif pur engagent tous la responsabilité ministérielle ; une simple pétition individuelle peut éveiller la susceptibilité des chambres, et provoquer l'application de cette responsabilité.

TITRE DEUXIÈME.

ADMINISTRATION ACTIVE.

Observations générales.

79. — Pour saisir plus facilement la nuance qui sépare le pouvoir exécutif pur de l'administration active, il faut se rattacher à cette pensée développée dans le titre précédent, que le pouvoir exécutif pur ne se préoccupe presque jamais des individus, ne règle que les généralités, tandis que l'administration active applique toujours l'intérêt général à des cas spéciaux en opposition avec une action individuelle.

80. — J'ai subdivisé l'administration active, pour donner un caractère propre et distinct à chacun de ses attributs, dont la confusion a si souvent jeté le découragement dans l'étude et l'application du droit administratif.

81. — L'action administrative revêt ces deux caractères selon que le pouvoir exécutif touche des *intérêts* ou blesse des *droits*. Dans le premier cas, l'administration agit et raisonne pour s'éclairer et pour arrêter ensuite ce qu'elle jugera le plus conforme aux intérêts généraux; dans le second, elle instruit, elle décide, elle juge pour harmoniser

l'intérêt général avec le droit de chacun, sans nuire à ce droit, ou pour sacrifier ce droit privé s'il y a indispensable nécessité.

82. — L'administration active au premier chef prend la qualification de *pouvoir gracieux*, et l'administration active au second chef, la qualification de *pouvoir contentieux*.

83. — Les deux mots *intérêt* et *droit* me paraissent la clé de la compétence administrative ; c'est à ces deux mots que je rattacherai ma doctrine, sur le *gracieux* et le *contentieux*. A l'aide de ces deux mots, je crois pouvoir résoudre les difficultés les plus graves résultant du silence du législateur. Je dis *du silence du législateur*, parce que si la loi, comme en tout autre matière, a admis ou rejeté un recours contrairement aux principes, il y a *déclassement*, mais *déclassement* sans aucune controverse possible, puisque la loi parle. Je dois donc, avant d'entrer dans de plus amples développements, bien préciser ce que j'entends par les mots *intérêt*, *droit* et *déclassement*.

I. Intérêt.

84. — En matière civile, le mot *intérêt* a une signification toute différente de celle qu'il doit avoir en matière administrative.

85. — On dit, *en droit civil* : l'*intérêt* d'une somme, avoir un *intérêt* dans une entreprise, avoir *intérêt* à ce que telle action soit introduite, être

personne *intéressée*, etc. Dans ces diverses positions, les mots *intérêt*, *intéressée*, expriment un droit que peuvent faire valoir des individus devant les tribunaux civils. Du refus du droit naît pour eux l'action ou recours contentieux.

86. — *En droit administratif*, au contraire, l'*intérêt* est l'absence du *droit*.

87. — L'*intérêt* naît de l'avantage que peut retirer tel individu d'une mesure administrative ou du désir d'obtenir une gratification, une faveur spéciale, d'un démembrement de l'utilité générale, à l'avantage de l'utilité particulière; dans ces divers cas, on doit comprendre que l'administration peut froisser cet intérêt, et refuser ce qui est demandé, sans que ce refus produise un débat contentieux.

II. Droit.

88. — Un *droit* doit être envisagé sous deux physionomies, *un droit proprement dit*, ou *primitif* et *un droit acquis*.

89. — Un *droit proprement dit* est celui qui est inhérent à la qualité de propriétaire d'une chose mobilière ou immobilière, corporelle ou incorporelle, à la qualité de Français ou de citoyen Français.

90. — Dans tout gouvernement civilisé, il est défendu de toucher aux droits d'un régnicole, par voie discrétionnaire; si le bien-être général veut qu'on y touche, il faut accorder la plainte

régulière, le *recours contentieux*. Ainsi tout acte administratif qui détruit, qui modifie, qui détériore, qui altère ce droit, est un acte de l'administration active au second chef, donnant ouverture à un recours contentieux.

91. — Le *droit acquis* prend naissance dans les actes administratifs purement discrétionnaires ; mais de ce principe de droit naturel que *donner et retenir ne vaut*, il suit que, si l'administration pouvait refuser la faveur qui était sollicitée, une fois cette faveur accordée, l'objet concédé, corporel ou incorporel, est devenu la propriété du réclamant. C'est donc un droit nouveau que la concession a fait à l'instant reposer sur sa tête, et ce *droit acquis* est tout aussi respectable que tout droit primitif.

92. — J'ai dû poser cette distinction du *droit* et du *droit acquis*, parce qu'il y a une grande différence de compétence entre l'appréciation des *droits* et l'appréciation des *droits acquis*. Ces derniers, qui prennent naissance dans un acte administratif, doivent souvent nécessiter une interprétation ou une application qu'il serait contraire aux vrais principes de la séparation des pouvoirs de livrer aux tribunaux civils ordinaires.

III. Déclassement.

93. — Dans toutes les législations, les règles ne sont jamais tellement générales qu'elles ne subis-

CHAPITRE PREMIER.

Attributions de l'administration active au premier chef.

SOMMAIRE.

SECTION Ire.

Intérêt froissé.

101. — L'administration active a souvent besoin de sacrifier l'intérêt particulier à l'intérêt général. La lutte sera vive, car l'intérêt particulier peut être immense; mais cet intérêt particulier doit céder sans *discussion* à l'intérêt général. Le *droit* seul *discute* et obtient satisfaction.

102. — L'administration active au premier chef ne touche donc ni à un *droit primitif*, ni à un *droit acquis.*

103. — Les principes nus ne suffiraient peut-être pas pour faire comprendre ma pensée, qui doit s'animer de la variété même des espèces que produit l'action administrative.

104. — Sous cette rubrique *d'intérêt froissé*, je citerai :

1° La concession du privilége d'imprimer un almanach royal, au mépris d'une ancienne concession, parce qu'il n'y a plus de priviléges et que ces concessions sont purement honorifiques.

2° La nomination d'un imprimeur ou d'un officier ministériel au-delà du nombre déterminé par une précédente ordonnance, parce que la fixation de ce nombre est complètement dans le domaine du pouvoir exécutif pur.

3° La concession de ponts, de canaux, de che-

mins de fer, devant nécessairement porter un préjudice à d'autres ponts, canaux ou chemins de fer,
parce que, dans les concessions particulières, il ne
peut jamais y avoir d'aliénation d'une partie nota-
ble du domaine public, *le droit de faire des concessions.*

4° Le refus d'approbation ou d'homologation, de
la part de l'autorité supérieure, d'un acte administratif portant *adjudication, concession*, etc.,
lorsque cette approbation ou homologation est
nécessaire pour la perfection de l'acte, parce
qu'aucun droit ne peut résulter d'un acte encore
imparfait.

5° L'interdiction de vendre un remède secret,
parce que la vente n'avait pu être que le résultat
d'une permission ou d'une tolérance.

6° Tout acte de l'administration active qui peut,
par ses conséquences directes, prochaines ou éloi-
gnées, diminuer la valeur intrinsèque d'une propriété voisine, sans lui porter un dommage matériel, tels que la translation des exécutions à
mort d'un lieu dans un autre, le changement de
situation d'une fontaine publique, l'établissement
d'un magasin à poudre, etc., etc.

105. — Les souscriptions particulières viennent
quelquefois aider l'état, les départements ou les
communes, à soulager des infortunes, à élever
des monuments, et même à construire des travaux
d'une grande importance ; le versement d'une
somme quelconque donne-t-il un *droit* à chaque

souscripteur ? La question est fort grave, je ne
me le dissimule pas. Pour l'apprécier sainement, il
faut la dégager de tout point de vue politique. Je
crois que, si la somme versée l'a été pour soulager
une infortune, la distribution de cette somme appartient sans contrôle à l'administration active au
premier chef, qui n'est censée l'avoir acceptée qu'à
cette condition. Si le but de la souscription est
l'érection d'un monument, d'une église, d'une fontaine publique, les souscripteurs ont individuellement le droit d'exiger l'emploi de leurs souscriptions à l'objet qui les a déterminés. Leurs plaintes
donneront alors lieu à une discussion contentieuse.

106. — Mais ce qui est bien plus délicat, c'est
la position de ces souscripteurs, lorsque le but
aura été accompli, que le monument ou l'édifice
seront passés dans le domaine public : chacun de
ces souscripteurs conservera-t-il à perpétuité un
droit individuel à la propriété de ce monument ou
de cet édifice? je ne le pense pas. Des raisons d'ordre public ou même de sûreté publique peuvent
obliger le pouvoir exécutif à détruire ce qui avait
été élevé et les souscripteurs primitifs n'auront pas
le droit de s'y opposer.

SECTION II.

Permissions et tolérances.

107. — *En droit civil*, celui qui permet et qui

tolère ne laisse acquérir aucun droit. *En droit administratif*, un pouvoir bienveillant et protecteur accorde des *permissions* et *il tolère*. Quand on en abuse, il retire ce qu'il avait accordé. Les intérêts sont blessés, mais chacun est dans son droit.

108. — Comment permettrait-on un recours contentieux à celui qui avait obtenu l'autorisation de construire dans le rayon d'une place de guerre, sous la condition expresse d'une démolition à la première sommation, et à qui l'ordre de démolir a été donné? Il obtiendra peut-être, par des réclamations gracieuses, une continuation de la tolérance, mais son recours contentieux sera déclaré non recevable. S'il pouvait en être autrement, le pouvoir responsable de la conservation des intérêts généraux se verrait forcé de ne rien tolérer, de ne rien permettre.

109. — La discussion et le recours sont également interdits à un propriétaire qui a obtenu la permission de construire sur un chemin de hallage, jusqu'à ce que des travaux de navigation soient achevés.

110. — L'intérêt particulier est si ingénieux à dénaturer sa véritable position qu'il me serait facile de multiplier les exemples d'une proposition évidente en soi.

111. — Pour reconnaître le véritable caractère de l'acte administratif, il faut, en ce cas, s'attacher à la condition imposée.

Section III.

Faveurs, gratifications, indemnités, tarifs.

§ Ier. — *Concessions.*
  I. *Eaux.*
  II. *Mines.*
  III. *Dessèchements de marais.*

§ II. — *Faveurs et gratifications.*
§ III. — *Indemnités.*
§ IV. — *Tarifs.*

112. — L'autorité administrative est seule investie du droit d'accorder certaines faveurs que l'intérêt général lui prescrit parfois de refuser. Ces faveurs sont de deux sortes : les unes prennent le nom de *concessions*, les autres conservent le nom générique *faveurs*, ou se désignent par ces mots, *indemnités*, *gratifications*, etc.

§ Ier. — *Concessions.*

113. — Ce qui concerne les concessions éveille au plus haut degré la sollicitude de l'administration active au premier chef, car de la concession découle un droit ; ce droit acquis ne peut être enlevé, et toute violation de ce droit produit le contentieux.

114. — Plus l'objet de la concession est impor-

tant, plus l'administration doit veiller avec soin à ce que le plus digne obtienne cette faveur. C'est pour l'appréciation des circonstances dans lesquelles se trouvent placés les solliciteurs que l'administrateur a besoin d'une science plus difficile encore que la science administrative, si toutefois elle n'en fait pas elle-même partie. Pour distribuer ces faveurs avec discernement et équité, il faut un tact sûr, un jugement droit, un cœur honnête et une longue expérience ; et, comme le fait observer, dans un de ses utiles ouvrages, un de mes anciens confrères à la cour de cassation, Me GARNIER, dont la rectitude de jugement et la droiture de cœur feraient un administrateur distingué : *les actes des préfets, des ministres et des agents sous leurs ordres doivent respirer la sagesse et la modération.*

115. — *Les eaux*, les *mines* et les *dessèchements de marais*, donnent lieu à de fréquentes concessions.

116. — I. Les cours d'eau appelés rivières navigables ou flottables, sont une dépendance du domaine public et soumis aux règles de la grande voirie.

117. — On a écrit qu'*un cours d'eau non navigable ni flottable, qui traverse plusieurs héritages, est pour les différents propriétaires l'objet d'une charge, d'une jouissance commune, d'une co-propriété, et, si l'on peut parler ainsi, d'une société.*

— J'AJOUTERAI : placée sous la haute surveillance de l'administration active qui est appelée à faire céder les intérêts individuels aux intérêts de tous, lorsque l'utilité générale l'exige. Ces cours d'eau ne sont point susceptibles d'une propriété *à priori*. Une longue possession et des concessions administratives font acquérir des droits dont on ne peut être dépouillé que par mesure d'ordre public.

118. — A l'administration active au premier chef appartient le droit d'accorder, 1° l'autorisation d'établir une usine, avec ou sans conditions, sur les cours d'eau navigables, flottables, non navigables, non flottables; 2° la faculté de pratiquer une prise d'eau dans une rivière navigable ou flottable.

119. — II. Les mines sont un démembrement de la propriété; aussi, dans ses rapports avec le propriétaire de la surface, la concession de mine est-elle un acte contentieux, comme nous le verrons à notre chapitre de l'*administration active au second chef.*

120. — Mais le droit de concéder l'exploitation d'une mine, le choix dans les divers concurrents qui se présentent, la préférence accordée à l'un d'eux, tout cela ne sort pas des limites de l'administration active au premier chef et ne peut donner lieu à un recours contentieux.

121. — Le pouvoir gracieux fixe les abonne-

ments de redevances de mines, et, en certains cas,
accorde la remise de cette redevance.

122. — III. Les *dessèchements de marais* se rattachent trop essentiellement à la propriété du sol
pour qu'il soit permis à l'administration active au
premier chef de régler ce qui concerne cette
partie importante du droit administratif. Le refus
d'accorder une concession ou la préférence entre
divers concurrents sont les seuls actes qui rentrent
dans ses attributions et qui ne puissent être soumis
à un recours contentieux. Néanmoins, il faut consulter ce que j'ai cru devoir placer sous le paragraphe du déclassement.

123. — Pour le décor des villes, il est utile
de permettre aux propriétaires d'élever des balcons ou autres saillies sur la voie publique. Le
refus d'une semblable autorisation est un acte de
l'administration active au premier chef.

124. — Mêmes principes et même décision,
1° pour le refus d'autoriser un changement de
nom demandé sans motif de nécessité.

2° Pour le rejet d'une demande en naturali-
sation, malgré les dix années de résidence après
permission du roi de s'établir en France.

3° Pour le refus d'accorder une prolongation
de brevet d'invention.

125. — Il en serait autrement pour le refus

d'un brevet d'invention. La loi ne permettant pas à l'administration la faculté d'examen, le recours contentieux serait ouvert contre un semblable refus

§ II. — *Faveurs et gratifications.*

126. — Les actes de l'administration active au premier chef, se rattachent plus spécialement à des faveurs :

1º Lorsque le ministre des finances résiste à une demande d'être relevé d'une déchéance ou de droits d'usage, ou de droits comme fournisseur ; lorsqu'il refuse de faire la remise de condamnations prononcées par les tribunaux, d'amendes, de doubles droits d'enregistrement, ou d'ordonner des restitutions de paiemens de cette nature déjà faits ;

2º Lorsque le préfet ne fait pas droit à une demande en remise ou modération de contributions pour vacances de locataires, ou pour indigence en refusant, dans ce dernier cas, d'inscrire le réclamant sur la liste des indigens ;

3º Lorsqu'il s'agit de la distribution des secours sur les fonds de non-valeur, ou sur les fonds accordés par le pouvoir législatif, et par suite de souscriptions particulières pour soulager de grandes infortunes résultant de la grêle, de l'inondation, de l'incendie, etc. ;

4º Lorsqu'un ministre ne veut pas accorder,

avec certaines conditions plus ou moins favorables, le droit d'exportation ou d'importation ;

5° Lorsqu'un ministre refuse d'intervenir auprès d'un de ses collègues pour la liquidation de prétendus fournisseurs étrangers ;

6° Ou lors même qu'un ministre refuse d'intervenir dans l'intérêt d'un Français auprès d'un gouvernement étranger pour le paiement d'une créance légitime.

127. — Les *gratifications* refusées, quoiqu'elles aient été promises, ne peuvent donner lieu à un recours, à moins que ce ne soit un salaire stipulé pour le prix d'un travail.

128. — L'administration active au premier chef détermine, d'après les prévisions du budget, les traitemens des fonctionnaires publics. Mais chaque jour de l'exercice de la fonction donne *droit* à une certaine quantité d'argent. Si cette somme acquise était refusée, le recours contentieux serait ouvert.

129. — Je crois devoir placer ici quelques observations sur les pensions.

130. — Les pensions civiles ou militaires sont une juste rémunération des longs services de ceux qui les réclament. Pour empêcher le retour d'abus qui grèveraient le trésor, les lois fixent les conditions pour obtenir une pension. Si le réclamant réunit toutes les conditions et que la liquidation lui soit refusée, un recours contentieux lui est

ouvert; mais si malgré ses infirmités et ses longs
services il lui manque un seul jour, c'est une faveur qu'il réclame, et le refus de cette faveur ne
lui laissera que la plainte.

§ III. — *Indemnités.*

13r. — L'état est souvent obligé de faire faire
des marchés par ses agens. Des contrats tacites se
forment quelquefois entre l'état et des particuliers. L'exécution des adjudications, des marchés,
des contrats tacites, donne lieu à des indemnités.

132. — Ces indemnités sont de deux natures :
Ou *conventionnelles* et *légales,*
Ou *purement discrétionnaires.*

133. — Les indemnités *conventionnelles et légales* forment un droit, ou un droit acquis. Le refus donne lieu au recours contentieux. La fixation
d'une réparation pour dommages causés à une
propriété mobilière ou immobilière est de même
nature.

134. — Les principes de l'administration active
au premier chef ne concernent que les indemnités
purement discrétionnaires.

135. — Les indemnités ne sont *purement discrétionnaires* que lorsque la loi ou le titre sont

muets, et que les règles du droit commun n'autorisent point de semblables réclamations.

136. — Il est de principe reconnu par la loi civile elle-même, que les adjudications ou marchés peuvent être résiliés au gré de celui qui a ordonné les travaux ou fournitures. La résiliation est donc un acte de l'administration active au premier chef.

137. — Dans une adjudication, l'entrepreneur s'est chargé à ses risques et périls et à forfait de toutes les conséquences de l'élévation du prix des matériaux. Aucune clause ne lui permet d'exercer un recours pour pertes occasionées par de faux calculs, par de fausses opérations. Aucun fait de force majeure ne peut être allégué. L'indemnité demandée n'est qu'une faveur.

138. — Une commune a pillé les matériaux de l'entrepreneur, a détruit ce qu'il avait déjà commencé. Il a un recours contre cette commune; contre l'état, une simple réclamation gracieuse.

139. — Dans son traité, l'entrepreneur a consenti que, le cas échéant d'une indemnité à accorder, cette indemnité fût fixée *à l'équité de l'administration;* tout recours contentieux lui est interdit.

140. — J'hésite à décider que l'administration active au premier chef puisse repousser une demande en indemnité fondée sur l'élévation des droits d'entrée, de la part d'un entrepreneur de

fournitures étrangères. C'est l'état qui bénéficie de l'augmentation des droits au détriment de celui avec qui ont traité ses agens. Ce n'est pas seulement l'équité, mais la justice, le droit acquis qui servent de fondement à sa demande.

141. — S'il n'y a ni titre, ni loi, ni règlement, les prétentions d'indemnité doivent, comme en toute autre matière, être rejetées par les tribunaux administratifs. C'est donc à l'administration active au premier chef seulement que peuvent s'adresser,

1° Celui qui sous le prétexte d'une mission qui lui était confiée et qui, par suite de force majeure, n'a pas pu se réaliser, a acheté des effets de voyage et a fait de nombreux préparatifs;

2° Le prétendu fournisseur dont aucun écrit n'établit les droits à une liquidation, quand bien même un ministre aurait déjà formé une évaluation approximative;

3° Le magistrat des colonies envoyé en France pour rendre compte de sa conduite et qui demande ses frais de voyage, quoique sa conduite n'ait pas été censurée;

4° Des nationaux qui prétendent que dans un traité diplomatique leurs droits ont été sacrifiés.

§ IV. — *Tarifs.*

142. — C'est en réalité au pouvoir exécutif par

qu'appartient le droit de régler les tarifs des droits de péage par délégation du pouvoir législatif, car c'est un impôt; cependant j'ai cru devoir placer quelques règles qui les concernent à l'administration active au premier chef, parce que ces tarifs donnent lieu quelquefois à des réclamations de parties intéressées.

143. — Des réglemens généraux déterminent les tarifs à payer sur les fleuves, rivières et canaux, soit pour les ponts, soit pour les bacs.

144. — Je considère comme rentrant dans le pouvoir de l'administration active au premier chef,

1º Le réglement des droits à payer aux chefs de pont par les bateliers de passage;

2º L'explication donnée par l'autorité compétente du mot *charbon* qui, inséré dans un tarif, doit comprendre la houille;

3º La prolongation d'un droit de péage accordé à un entrepreneur de canal, d'écluse ou de pont. Dans ce dernier cas, la plainte de certains habitans serait non recevable, parce que ces travaux concernent l'intérêt général.

145. — Les tarifs d'octroi sont soumis, comme on le verra aux actes de tutelle, à l'autorité administrative supérieure. Le rejet de quelques articles ne peut donner lieu à un recours contentieux.

Section IV.

*Réglemens spéciaux de police et de sûreté publi-
ques : eaux, mines, alignemens, chemins vicinaux,
etc., etc.*

146. — Je dois faire ici la même observation
qu'au paragraphe précédent. Je ne reviendrai pas
sur les principes que j'ai posés plus haut, n° 15 et
suiv. p. 4. Je ne parlerai que du caractère de spécialité qui peut ressortir d'un réglement de police
ou de sûreté publiques, caractère qui le range
dans la sphère de l'administration active au premier chef.

147. — Ces réglemens peuvent émaner du pouvoir central, du pouvoir départemental, et du
pouvoir municipal.

148. — Le pouvoir central peut régler, 1° le
mode du transport du charbon à Paris, et le tour
d'admission à la vente; 2° tout ce qui concerne
pour les foires, les halles et les marchés, l'ouverture, la tenue, la fermeture et la réouverture,
et l'achat de terrains; 3° la direction des travaux
d'une tourbière, etc., etc.

149. — Au pouvoir départemental appartient
le droit, 1° de régler la police des chemins de
hallage; 2° de faire des arrêtés sur la police industrielle des départemens, etc., etc.

150. — Au pouvoir municipal reste la part la plus large des réglemens spéciaux. Ces réglemens concernent des corporations ou compagnies, pour assurer la fidélité du débit des denrées; ont trait à la boulangerie, à la charcuterie, aux vidanges, etc.; les particuliers peuvent même spécialement y être soumis, par exemple en ce qui regarde la police industrielle, ou la conduite des voitures publiques.

151. — Néanmoins je ferai observer que comme il est de l'essence des réglemens de police de s'étendre à une universalité ou à une certaine classe de citoyens, les dispositions d'un arrêté relatives à des individus considérés privativement, ne participent point de l'autorité et de l'effet que la loi attribue aux réglemens de police. Ainsi, un maire sort des limites de sa compétence s'il rend un arrêté portant que les habitans ne pourront faire vider leurs fosses d'aisance que par tel individu dénommé, ou que tel boucher étalera dans tel marché, et tel boucher dans tel autre, etc., etc.

152. — Certains réglemens exigent, de la part des administrateurs, des connaissances spéciales; ils sont de nature à blesser des intérêts si importans que je crois devoir leur consacrer une mention particulière; ils concernent les *eaux*, les *mines*, les *alignemens* et les *chemins vicinaux*.

153. — I. Les *cours d'eau* navigables et flottables étant une dépendance du domaine public, l'administration active au premier chef règle par

des arrêtés tout ce qui concerne le service de la navigation et du flottage.

154. — Quant aux cours d'eau qui ne sont ni navigables ni flottables, lorsqu'aucun droit n'a été acquis ni par longue possession, ni par conventions privées, l'administration active au premier chef fait des réglemens d'eau qui sont obligatoires pour tous les riverains.

155. — II. L'exploitation des *mines* livrée à elle-même offrirait les plus graves inconvéniens. La sécurité publique exige une surveillance active et continue de la part de l'administration. Ce n'est point une action restrictive du droit de propriétaire, parce que la soumission à cette surveillance est une des conditions substantielles de la concession.

156. — III. Lorsqu'un plan général d'*alignement* pour une ville a été adopté par une ordonnance royale rendue sur avis du conseil d'état, le réglement partiel d'alignement émané de l'administrateur local, est un acte de l'administration active au premier chef, à moins que les parties intéressées ne soutiennent que cet arrêté est contraire au plan général qui forme un droit acquis pour tous.

157. — IV. La nouvelle loi a investi l'administration active au premier chef du soin de faire chaque année un réglement concernant la surveillance et la conservation des *chemins vicinaux*. La suppression ou le déclassement d'un chemin vici-

nal rentre aussi dans ses attributions, mais c'est plutôt là un acte de tutelle qu'un réglement spécial.

SECTION V.

Actes de tutelle administrative.

158. — Les actes de tutelle administrative concernent les départemens, les communes et les établissemens publics.

159. — En France, le pouvoir exécutif est le tuteur né de ces personnes morales. Ces actes de tutelle rentrent dans les attributions de l'administration active au premier chef.

160. — Tantôt ces actes sont de trop minime intérêt pour exiger l'attache royale. Il n'est alors besoin que de simples arrêtés préfectoraux ou ministériels.

161. — Tantôt au contraire l'objet soumis à l'approbation, nécessite une ordonnance royale. Cette ordonnance est presque toujours rendue dans la forme des réglemens d'administration publique, c'est-à-dire, *le conseil d'état entendu.*

162. — Un recours contentieux est inadmissible contre les décisions toutes de protection et de conservation émanées de l'administration active au premier chef, soit supérieure, soit inférieure. Ce recours répugnerait à la nature des choses. Ce

n'est pas *publiquement*, et pour ainsi dire *juridi-*
quement, que s'exerce une tutelle et que la protection du fort s'accorde au faible.

163. — Cette tutelle s'applique à tous les actes
d'administration, à l'établissement des octrois, à
la fixation des objets qui doivent payer un droit,
aux aliénations, par ventes ou échanges, aux
locations, aux modes d'affouages et de partages
de jouissances des biens communaux, aux autorisations d'accepter des dons et legs, de plaider,
de transiger, etc.

164. — J'ai dit qu'aucun recours n'était ouvert
contre les actes de tutelle; il faut néanmoins en
excepter le cas où il y aurait excès de pouvoir
de la part de l'autorité tutélaire, soit parce que
le préfet persisterait à autoriser un acte que l'autorité royale a seule le droit d'approuver, soit
parce que le préfet annullerait une délibération,
sous le prétexte d'une violation de loi ou de réglement d'administration publique, quand au
contraire cette délibération s'y serait parfaitement
conformée.

165. — Comme le refus d'autorisation de plaider peut priver une commune ou un établissement public de la propriété d'un droit, un recours quasi contentieux lui est ouvert devant le
conseil d'état.

166. — Quant aux tiers, les actes de tutelle

rentrent dans les actes ordinaires de l'administration active.

167. — S'ils ont contracté avec les personnes morales soumises à la tutelle du pouvoir exécutif, ils doivent savoir que le contrat n'est parfait qu'après l'homologation supérieure. Ce refus d'homologation blesse leurs intérêts, mais ne touche pas à leurs droits. Ils n'ont pas de voie de recours contentieux.

168. — Si les actes de tutelle sont dirigés contr'eux, soit pour autoriser ces personnes morales à plaider, soit pour autoriser un mode d'affouage contraire à leurs droits, le recours contentieux leur est également interdit, par ce double motif que l'acte de tutelle est un acte d'administration intérieure, et que jamais les actes de tutelle émanant de l'administration active au premier chef, ne peuvent faire obstacle à ce que les tiers portent leurs demandes, soit devant l'autorité judiciaire, soit devant les tribunaux administratifs.

169. — S'il est incontestable que la commune débitrice ne peut pas se pourvoir par la voie contentieuse contre la décision ministérielle qui détermine le mode de paiement d'une créance à laquelle cette commune est soumise, le créancier à qui l'ordonnancement serait refusé pourrait l'obtenir par la voie contentieuse, parce que ce refus blesse son droit d'être payé immédiatement. J'appliquerais le même principe au cas concernant un département, ou même l'état, lorsque la dette est

liquide et que le ministre des finances refuse de demander un crédit aux chambres.

170. — Mais si le créancier porteur d'un titre exécutoire demande l'autorisation de faire vendre des biens mobiliers ou immobiliers d'une commune autres que ceux qui sont consacrés à un usage public, le refus d'autorisation ne donne pas lieu à un recours contentieux, parce que ce mode de paiement est facultatif.

171. — Je parlerai à mon paragraphe *des conventions privées, au titre de la séparation des pouvoirs*, de l'autorité qui doit connaître des difficultés survenues entre les communes ou établissements publics, et les particuliers, soit sur l'exécution de travaux ou de marchés, soit sur la validité et l'interprétation des actes et contrats.

SECTION VI.

Règlements d'administration publique concernant les caisses d'épargne, et autres établissements publics, les sociétés d'assurances, etc.

172. — Ce paragraphe doit être considéré, sous certains rapports, comme une division du précédent, car il s'agit d'actes de tutelle. Les règlements dont je vais parler sont des actes de police d'un ordre élevé et présentant un caractère d'individualité qui ne permet pas de

4

les ranger dans la classe des règlements de police ordinaires.

173. — Sont soumis à l'approbation de l'administration active au premier chef :

1° Les statuts des caisses d'épargne et de prévoyance ;

2° Les statuts des monts-de-piété ;

3° Les statuts des sociétés anonymes.

174. — La loi n'ayant accordé force et valeur au contrat particulier désigné sous le nom de *société anonyme*, qu'autant qu'il aura reçu l'approbation du pouvoir exécutif, il est certain que le refus de cette approbation de l'autorisation exigée ne constitue point la violation d'un droit acquis. Il n'y a qu'un intérêt blessé et par conséquent pas de voie de recours contentieux.

175. — Il serait à désirer que toute société dite *tontine* ou *caisse de prévoyance*, *d'assurance sur la vie*, ou même *d'assurance des risques d'incendie, de remplacement militaire*, fût soumise aux règles des sociétés anonymes, et ne pût être organisée que sous cette forme, mais la loi est muette et il ne rentre pas dans le domaine du pouvoir de l'administration active au premier chef, ni même du pouvoir exécutif pur d'apporter des entraves à l'exercice d'un droit d'association commerciale.

Section VII.

Circonscriptions de territoires et statistique de la population.

176. — Quels que soient les inconvénients ou les avantages qui puissent résulter pour les habitants d'un territoire, des subdivisions de circonscriptions ou de la fixation du nombre d'habitants de chaque commune, il est facile de comprendre que ces actes ne peuvent donner lieu à un recours contentieux et rentrent dans le cercle des attributions de l'administration active au premier chef.

177. — Ces actes concernent l'intérêt général d'une manière trop spéciale, pour pouvoir être soumis à un contrôle particulier par voie contentieuse. Je suis porté, comme on le verra dans le cours de mon livre, à étendre cette voie qui offre des garanties sans danger aucun pour la chose publique, mais l'étendre outre mesure, aurait le double inconvénient de dépasser les limites de principes positifs et d'entraver la marche de l'administration.

178. — Il appartient donc à l'administration active au premier chef, toutes les fois que le pouvoir législatif a abandonné au pouvoir exécutif le soin de ces délimitations,

1º De fixer les limites de deux communes;

2º De déterminer l'étendue des succursales;

3º De pourvoir à l'érection d'une succursale;

4º De faire dresser les tableaux officiels de la population.

179. — Je ferai observer que la fixation des limites d'octroi ne peut rentrer dans le domaine exclusif de l'administration active au premier chef, parce que ce n'est plus là une simple mesure d'ordre public, et que c'est au contraire une mesure fiscale et qui touche aux droits auxquels le recours contentieux doit toujours venir en aide.

180. — Je poserai également ici une règle qui recevra son application dans beaucoup d'autres cas : lorsqu'une loi ou un règlement d'administration publique prescrivent de demander préalablement l'avis d'un conseil municipal ou d'un conseil général de département, ou d'une commission, ou du conseil de préfecture, l'acte qui intervient, sans que cet avis ait été demandé, ou sur l'avis d'un conseil illégalement composé, peut être attaqué comme entaché d'excès de pouvoir, devant le conseil d'état, par la voie contentieuse. Ainsi peut être attaquée de cette manière l'érection d'une église en succursale, lorsque la délibération du conseil municipal qui devait précéder l'ordonnance a été prise par un conseil illégalement composé.

181. — Enfin, il faut retenir, comme principe également applicable aux actes de l'administration active au premier chef, que les lois ou ordonnances de circonscriptions ne touchent jamais aux questions de propriété qui demeurent réservées et qui, en cas de contestation, ne peuvent être portées que devant les tribunaux civils.

Section VIII.

Instructions d'un agent supérieur à un agent inférieur sur une affaire spéciale, même contentieuse.

182. — J'ai exposé, au pouvoir exécutif pur, les règles qui concernaient les instructions générales envoyées par les agens supérieurs aux agens inférieurs.

183. — Les actes de l'administration active au premier chef ayant toujours un caractère de spécialité, je ne dois parler ici que d'instructions concernant une affaire spéciale.

184. — Une *instruction* n'a jamais été une *décision*, et cependant il y a eu souvent erreur et confusion.

185. — Ce ne sont donc pas des espèces qu'il faut rechercher, mais des indications qu'il faut poser.

186. — Il ne peut y avoir de difficulté sérieuse, lorsque les termes mêmes de l'instruction minis-

térielle suffisent pour révéler la pensée du ministre. Une instruction prescrit ordre et célérité pour
telle ou telle affaire courante, prescrit la marche
à suivre, etc., etc. Le doute ne sera pas permis.

187. — Mais si le ministre s'est servi de la locution propre aux décisions véritables. Par exemple s'il a dit : *arrête que*, *décide que*, il faut
examiner sur quelle matière, dans quelles circonstances la prétendue décision est intervenue.
Et, si cette décision concerne une matière sur laquelle le ministre est essentiellement incompétent,
ce n'est pas alors une décision, c'est un simple
refus d'adhérer à une demande transmis à l'agent
inférieur qui doit suivre la marche indiquée par
la loi. C'est ce qui arrive fréquemment en matière
de douanes et d'enregistrement, matières exclusivement réservées aux tribunaux civils.

188. — Pour pouvoir reconnaître le caractère
véritable de l'instruction ministérielle qu'on ne doit
pas supposer être un acte entaché d'incompétence,
il faut se demander si cet acte peut faire obstacle à
ce que la voie légale soit suivie, soit devant les tribunaux civils, soit devant les tribunaux administratifs. La réponse négative suffit pour qu'on ne
prenne pas inutilement la voie du recours devant
le conseil d'état.

189. — Si le recours était formé, le pourvoi
serait rejeté par le motif que *la décision de tel
ministre ne fait pas obstacle à ce que le deman-*

deur se pourvoie devant qui de droit, comme il avisera.

190. — C'est donc en se pénétrant bien de la réalité de la prétendue décision, qu'on évitera des lenteurs et des frais considérables.

Section IX.

Avis des conseils de préfecture donnés au préfet sur sa demande ou lorsque la loi les exige avant la décision de l'administration, en cette forme : LE CON-SEIL DE PRÉFECTURE EST D'AVIS, ETC., ETC.

191. — Les fonctions des conseils de préfecture peuvent être envisagées sous une triple physiono-mie. Tantôt ils font des actes de tutelle adminis-trative en accordant ou en refusant l'autorisation de plaider aux communes et aux établissements publics, tantôt ils jugent comme tribunaux ad-ministratifs, tantôt ils donnent de simples avis.

192. — C'est sous ce dernier rapport que je vais en parler.

193. — Les conseils de préfecture doivent ré-pondre officieusement aux consultations que les préfets leur demandent dans les cas embarrassants. Les conseils de préfecture sont auprès des préfets ce que sont les divers comités du conseil d'état auprès de chacun des ministres, et ce que le con-seil d'état (assemblée générale) est auprès du

pouvoir exécutif pur et de l'administration active au premier chef.

194. — Dans plusieurs lois et ordonnances, il est écrit que le préfet ne peut statuer ou décider qu'*en conseil de préfecture*, ce qui veut dire après avoir demandé l'avis de ce conseil.

195. — En matière d'ateliers insalubres de première classe, l'avis du conseil de préfecture est demandé, comme un des documents les plus propres à éclairer le conseil d'état.

196. — Le conseil de préfecture est donc appelé à donner des consultations ou des avis en toutes matières, soit gracieuses, soit contentieuses.

197. — Ces consultations et avis ne doivent point être confondus avec les actes de juridiction de ce conseil qui seuls peuvent être attaqués par voie de recours contentieux devant le conseil d'état.

198. — Voilà pourquoi j'ai cru devoir classer parmi les actes de l'administration active au premier chef les avis des conseils de préfecture donnés au préfet sur sa demande, ou lorsque la loi les exige avant la décision de l'administration.

199. — Il y aurait incompétence ou dénégation de juridiction, si le conseil de préfecture compétent pour juger donnait seulement un avis.

200. — Il y aurait excès de pouvoir, si le conseil de préfecture appelé par le préfet ou par la loi à donner un simple avis rendait un arrêté.

201. — Dans ces deux cas, le recours serait ouvert devant le conseil d'état.

202. — Toutefois, avant d'attaquer devant le conseil d'état une décision du conseil de préfecture rendue illégalement sous la forme d'*arrêté*, il faut examiner avec soin le dispositif, car s'il apparaît des termes de cet arrêté que le conseil de préfecture n'a entendu donner qu'un avis, le recours sera déclaré non-recevable. Il en sera de même si l'arrêté n'a point été signifié, s'il a été visé dans la décision du préfet, ou si de tout autre circonstance il résulte que le prétendu arrêté ne pouvait, en aucun cas, porter grief à celui qui s'est pourvu.

SECTION X.

Actes provisoires concernant un droit ou un droit acquis, mais ne préjugeant rien, et actes de notifications de décisions ou arrêtés.

203. — En matière ordinaire de droit civil, le président d'un tribunal peut arrêter, par voie de référé, l'exécution d'un acte authentique.

204. — En matière administrative, l'administration active au premier chef est investie du droit

de faire procéder immédiatement à certains actes qui se rattachent à la sécurité de tous, ou à l'ordre public.

205. — Ainsi un préfet pense qu'une voie sur laquelle un fossé a été pratiqué est une voie publique; il doit veiller à ce que la liberté de la circulation ne soit pas entravée. Il doit ordonner provisoirement le comblement du fossé.

206. — Des eaux croupissantes répandent des miasmes pestilentiels; l'autorité municipale en prescrit l'écoulement; les mesures provisoires sont exécutées d'urgence, sans préjuger à qui la faute peut être imputée.

207. — Ces diverses mesures dont le caractère est essentiellement provisoire, ne feront nullement obstacle à ce que les questions de contravention, de propriété ou d'indemnité soient portées devant qui de droit.

208. — L'autorité réglementaire de police dont est investie l'administration active au premier chef a donc pu agir sans avoir donné naissance à un recours contentieux.

209. — Le préfet craint qu'un atelier qui vient d'être détruit par une explosion ne soit trop dangereux, et avant toute décision du conseil d'état, il en suspend la réédification. Sa décision est inattaquable par la voie contentieuse.

210. — Il en est de même de toutes les mesures

provisoires et d'urgence que peut nécessiter la surveillance de l'exploitation des mines.

211. — Certaines décisions d'un autre genre, complètement inoffensives, ont un caractère préparatoire et de précaution qui s'oppose également à un recours contentieux. Ainsi :

1° Lorsqu'un particulier s'adresse à l'administration active au premier chef pour faire autoriser une commune à s'imposer extraordinairement, pour parvenir à l'acquit d'une condamnation prononcée en sa faveur, l'ordonnance royale qui décide qu'il convient d'engager, par les voies de concilation, cet individu à transiger avec la commune, est un acte purement préparatoire.

2° L'ordonnance qui, avant de dire droit à des réclamations de propriétaires d'un canal voisin de celui qui est projeté, autorise des études et reconnaissances de terrain ne peut être attaquée par un recours contentieux.

3° Il doit en être de même d'une décision du ministre des finances qui ordonne la retenue d'une somme due à un entrepreneur de travaux publics jusqu'à l'apurement définitif de son compte.

212. — On ne peut pas non plus attaquer par voie de recours contentieux la notification de l'arrêté d'une commission faite par le ministre des finances, ou les arrêtés par lesquels le préfet ou le ministre se bornent à ordonner l'exécution d'arrêtés de conseils de préfecture ou d'ordonnances royales.

213.— Les arrêtés des maires ou préfets qui rendent exécutoires certaines contraintes sont inattaquables

SECTION XI.

Actes d'instruction gracieuse.

214. — Les actes d'instruction, en général, ne donnent pas lieu à un recours avant la décision définitive, lorsque ces actes ne préjugent rien. Il est par trop évident que l'administration active au premier chef a le droit de s'éclairer sans qu'on puisse attaquer ses décisions d'instruction par un recours qui ne serait même pas permis sur le fond.

215 — J'ai déjà parlé des avis donnés par le conseil de préfecure, j'ajouterai :

1° Le renvoi au sous-préfet pour avoir son avis avant d'accorder l'autorisation d'élever un moulin ;

2° Le règlement d'eau projeté par le ministre avant l'ordonnance royale qui seule peut le déterminer ;

3° L'expertise ordonnée avant de consentir à un échange entre l'état et un particulier ;

4° Le renvoi fait par le ministre, avant d'accorder la concession d'une mine au comité de l'intérieur.

216. — Je ne me dissimule pas que dans ces

diverses espèces et toutes autres semblables, le
doute n'est pas permis ; mais la science administrative est si peu avancée, que l'étude de la jurisprudence peut fournir la preuve que depuis
vingt ans on a douté de ses premiers éléments.
J'aime mieux parler de choses trop claires que
de passer sous silence un seul principe utile à
connaître.

Section XII.

Déclassement de matières contentieuses en matières gracieuses.

217. — J'attache une grande importance à être
bien compris sur ce que j'entends par *déclassement de matières*. J'en ai déjà parlé *suprà* p. 25,
nos 93 et suiv., et j'y reviens pour faire l'application du principe à l'administration active au premier chef.

218. — Le *déclassement* tend à changer fictive-
ment la nature même de la matière. Des principes il résulterait que telle matière est du domaine
exclusif de l'administration active au second chef,
et que toute discussion s'y rattachant devra produire un recours contentieux devant le conseil
d'état, et cependant le législateur a investi d'un
droit absolu et sans contrôle l'administration active au premier chef. La matière est donc passée
de la classe du contentieux dans la classe du gra-

cieux, sans qu'on puisse en donner d'autres motifs
que la raison d'état et la volonté de la loi.

219. — Tout déclassement résulte donc d'une
disposition de loi contraire à un principe admis
par la doctrine et la jurisprudence.

220. — Que si dans l'exposition que je vais
faire des cas de déclassement d'une matière contentieuse, j'étais incomplet, mon erreur serait
facilement réparable, puisque la découverte de
l'omission signalerait un texte précis.

221. — Je reconnais deux espèces de déclassement des matières contentieuses en matières gracieuses, *le déclassement absolu et le déclassement
relatif.*

222. — J'entends par *déclassement absolu* celui
qui arme le pouvoir d'un droit préexistant à tout
fait spécial, et qui se rattache à l'exercice du
pouvoir législatif délégué au pouvoir exécutif pur.
Par *déclassement relatif*, celui qui se rattache à
des faits spéciaux à l'occasion desquels l'intérêt
général a paru devoir exiger le sacrifice des droits
individuels, dans une position déterminée d'avance
par le législateur.

§ I. — *Déclassement absolu.*

223. — Le pouvoir de police qui appartient à
l'administration, et qui tend à veiller à la sûreté et

à la salubrité publiques , s'étend comme un réseau sur la généralité des citoyens. S'il était soumis à une discussion contentieuse , il perdrait une partie de la force qui lui est nécessaire et du respect qui lui est dû. Nous avons vu *suprà* p. 5, n° 19, comment il s'exerçait , et quelles autorités spéciales en sont investies.

224.—Ce pouvoir restreint la liberté d'association dans certaines limites; il fixe le mode d'exercice de certaines industries en réglant ce qui concerne les livrets des ouvriers, leurs formes, leur délivrance, leur tenue et leur renouvellement; il défend une liberté absolue de locomotion, en nous forçant à nous munir d'un passeport pour pouvoir circuler librement; il impose aux propriétaires des servitudes de balayage, de ramonage , défend d'élever les maisons au-delà de telle hauteur, de placer des pots sur les fenêtres, ordonne de placer des tuyaux le long des murs, et touche ainsi aux droits privés; néanmoins ces ordres sont censés émaner du législateur lui-même; les réclamations et les recours sont inadmissibles.

225. — Son droit est encore plus énergique et blesse plus directement le droit de propriété, 1° lorsqu'en cas d'incendie, pour faire la part au feu , une maison est abattue malgré les supplications du propriétaire; 2° lorsqu'une maison menaçant ruine est démolie; 3° lorsqu'un terrassement est ordonné pour prévenir un éboulement de terre dangereux ; 4° lorsque des terrains sont enlevés

pour construire ou pour consolider une digue qui
doit prévenir l'irruption des eaux, au moment où
elles menacent de destruction un village entier;
5° lorsque les bois sont enlevés ou coupés pour
construire à la hâte les travaux qui préviendront
l'inondation du Rhin; 6° Lorsque pour empêcher
des voleurs de se livrer à leurs déprédations contre les voyageurs, on ordonne l'essartement des
bois à une certaine distance le long des grandes
routes, etc., etc.

226. — Dans tous ces cas et autres semblables,
non-seulement le recours contentieux n'est pas
permis, mais il serait souvent illusoire; la puissance
publique est alors assistée de la force armée qui
lui obéit et à laquelle doivent même se joindre
tous les bons citoyens.

227. — Toutefois, ces actes de destruction nécessaire, ne préjugent pas les questions de propriété ou d'indemnité qui sont débattues devant
qui de droit.

228. — Et s'il arrivait que l'administration fût
assez imprudente pour outrepasser les limites de
son pouvoir, le citoyen frappé dans son droit aurait, devant les tribunaux civils, une action per-
sonnelle en dommages-intérêts contre le fonctionnaire incapable ou déloyal.

229. — Les lois de déchéance offrent l'exemple
du déclassement le plus impitoyable.

230. — Les lois, ordonnances ou arrêtés qui

déclarent l'utilité publique de tel projet, de tel travail, et qui présupposent une prochaine expropriation, les ordonnances royales qui déclarent la navigabilité de telle rivière, les arrêtés des préfets qui fixent la largeur des chemins vicinaux, présentent tous les caractères du contentieux administratif et ne peuvent néanmoins donner lieu à aucun recours contentieux.

231. — Je vois encore une délégation législative dans la mission confiée au pouvoir exécutif, de prohiber le défrichement ; d'indiquer les lieux où pourra être planté le tabac ; de régler les conditions d'extraction du sel, du minerai ; de veiller à la distillerie des eaux-de-vie, par des règlements spéciaux, etc., etc.

232. — Dans ces divers cas, la loi pouvait tout régler et le recours n'était même pas possible. Elle a acccordé, sous la même condition, le droit de régler. Le recours n'est pas permis.

233. Et cette disposition révolutionnaire que la charte ne permet plus d'invoquer, n'était-elle pas un déclassement monstrueux ? *toute vente natio- nale même du bien d'autrui est valable...*

§ II. — *Déclassement relatif.*

234. — C'est encore la loi qui prononce ce déclassement dans l'intérêt général, mais pour une position déterminée, ou pour un fait spécial.

235. — I. La liberté de l'industrie a été proclamée en 89, et cependant la *boulangerie*, la *boucherie*, l'*imprimerie*, la *pharmacie*, l'*exploitation des théâtres* sont soumises à des restrictions qu'on est forcé d'approuver, parce qu'on en saisit facilement le motif.

236. — Le pouvoir exécutif pur et l'administration active au premier chef ont donc le droit exclusif de régler, en se conformant à la loi, tout ce qui concerne la surveillance de ces diverses professions et industries.

237. — Je ferai néanmoins observer que tout acte spécial d'exécution froissant un droit particulier et individuel peut être attaqué par le recours contentieux.

238. — Ainsi, 1° le préfet de police refuse de permettre à un individu l'exercice de la profession de boulanger à Paris. Si le ministre de l'intérieur confirme ce refus, un recours pourra être porté devant le conseil d'état; 2° si la permission d'exercer sa profession est retirée à un boulanger, le même recours sera ouvert contre la décision du ministre qui confirmera cette révocation; 3 les boulangers ou bouchers qui ont à se plaindre d'une taxe du pain ou de la viande, peuvent prendre le recours contentieux; 4° une exploitation théâtrale est retirée; le concessionnaire soutient qu'il a accompli toutes les conditions qui lui avaient été imposées; son recours contre la décision du ministre devra être reçu.

239. — II. Tout ce qui concerne les contributions touche notre propriété mobilière. Le résultat de l'impôt est le paiement d'une somme d'argent. La matière est donc essentiellement contentieuse. Chaque acte tendant à l'assiette de l'impôt devrait être soumis à un recours contentieux.

240. — Et cependant, le conseil général de département statue définitivement sur les réclamations des communes.

241. — S'agit-il de patentes, de contributions personnelles, de portes et fenêtres, ou foncières dans des communes non cadastrées, le recours n'est ouvert aux contribuables que pour la cote d'impôt qui leur a été assignée.

242. — S'agit-il des opérations cadastrales qui tendent toutes au dernier résultat, le *classement de chaque propriétaire*, ce n'est que ce classement qui peut être attaqué contentieusement dans un délai déterminé, mais le choix des types, le tarif des évaluations rentrent dans le domaine de l'administration active au premier chef.

243. — III. Les cimetières sont la propriété des communes. Néanmoins la translation peut être ordonnée par l'administration active au premier chef; et dans un rayon de cent mètres existent plusieurs servitudes très onéreuses pour les propriétés voisines, défense de bâtir, impossibilité de pouvoir faire aux constructions existantes les ré-

parations nécessaires, et obligation de combler les puits.

244. — IV. Nous avons vu que l'expropriation pour cause d'utilité publique était prononcée par mesure législative ou par délégation du pouvoir législatif; de plus, le législateur n'a pas voulu que les formalités administratives qui précèdent le jugement d'expropriation pussent être entravées par un recours contentieux, et lorsque le préfet a statué sur le tracé définitif, contrairement à l'avis de la commission, *la décision de l'administration supérieure est définitive et sans recours au conseil d'état.*

245. — V. On conçoit que la concession de dessèchement d'un marais soit comme la concession d'une mine un acte de l'administration active au premier chef, par rapport à celui qui demande cette concession, mais c'est une véritable expropriation partielle que le desséchement forcé.

246. — Il faut donc considérer comme un déclassement la disposition qui permet à l'administration d'ordonner le desséchement d'un marais.

247. — VI. Même principe à appliquer pour les travaux imposés aux riverains du Rhône, ou pour l'entretien de travaux à la charge des propriétaires de terrains desséchés.

248. — VII. La défense du territoire impose de doubles sacrifices aux citoyens. Le recrutement frappe leurs personnes, et les constructions des places de guerre grèvent leurs biens de servitudes onéreuses.

249. — Le recours contentieux devrait être ouvert toutes les fois qu'on statue sur une question de recrutement. Au contraire, le texte et l'esprit de la loi rendent juges souverains les conseils de révision, pourvu qu'ils ne commettent pas d'excès de pouvoir;

250. — Quant aux places de guerre, une haute raison politique devait s'opposer à ce que l'intérêt particulier discutât la convenance de leur situation ou de leur étendue. Les moyens d'exécution, la délimitation, pourront donner lieu à une discussion contentieuse, mais la déclaration de la qualité de la place frappe, sans recours, les terrains voisins de la servitude *non edificandi*.

251. — VIII. La matière importante des travaux publics nous offre deux cas de déclassement utiles à signaler.

252. — *Le premier* est puisé dans le code civil lui-même qui permet au maître de résilier à volonté le marché à forfait. Ainsi, l'administration active au premier chef peut prononcer la résiliation de toute adjudication de travaux publics. Il ne restera à l'entrepreneur qu'une action en in-

demnité, s'il y échet, devant les tribunaux administratifs compétents.

253. — Les marchés et fournitures sont régis par les mêmes règles.

254. — *Le second* cas est relatif aux matériaux à extraire des terrains voisins pour la confection des routes et autres travaux d'intérêt général. Contre l'arrêté du préfet approuvé par le ministre qui détermine le terrain dans lequel des fouilles pourront être exécutées, aucun recours contentieux n'est admissible. Le droit du propriétaire se résout en une indemnité dont il débat le montant devant les tribunaux administratifs compétents.

255. — Les tracés qui précèdent l'exécution de grands travaux, comme canaux, chemins de fer, etc., les recherches pour découvrir les mines, les travaux hydrauliques exécutés pour savoir si un desséchement de marais est possible, sont autorisés par des arrêtés contre lesquels le recours n'est point ouvert. Les propriétaires n'ont droit qu'à une indemnité.

256. — IX. Les voisins des routes sont grevés de la servitude de planter des arbres, servitude fort peu onéreuse à la vérité, puisque les arbres plantés appartiennent au propriétaire du sol, et cependant servitude à laquelle on résiste trop souvent, parce que les individus ne se placent jamais

au point de vue d'intérêt général qui domine toute disposition législative.

257. — X. Les riverains des rivières flottables sont forcés, sauf indemnité, de laisser empiler sur leurs propriétés les bois qui servent à l'approvisionnement de Paris.

258. — XI. Une des servitudes les plus onéreuses, imposées par les lois d'intérêt général, est celle qui grève toutes les propriétés situées en deçà de la ligne tracée par un plan général d'alignement adopté en conseil d'état. Il est défendu aux propriétaires de rien faire qui puisse consolider, ou reconforter le mur ou la maison qui leur appartiennent. Ils voient chaque jour tomber une pierre nouvelle et ils peuvent calculer quand arrivera l'heure de la démolition pour raison de sûreté publique.

Comme compensation à cette dure servitude, il faut dire que l'élargissement des rues donne une valeur souvent triple et quadruple aux locations.

259. — XII. La jouissance d'un cours d'eau peut constituer des droits qu'il n'est pas permis aux voisins de méconnaître; il peut intervenir entre les riverains des conventions privées sur le droit de chacun d'eux, et cependant l'administra-active au premier chef a la faculté de faire des règlements contre lesquels tout recours est inter-

dit, quoique ces règlements enlèvent une partie de ces droits, sauf action en indemnité contre ceux qui retirent un bénéfice du règlement administratif.

260. — La même administration ordonne, quand elle le juge convenable, le curage des rivières ou cours d'eau non navigables ni flottables. La discussion contentieuse n'est permise que sur la quotité de la somme à payer par chaque riverain.

261. — XIII. Les demandes en autorisation de poursuivre les fonctionnaires administratifs, présentent tous les caractères du contentieux, et cependant les garanties ordinaires de publicité et de débats oraux ne sont pas accordées aux citoyens qui se plaignent d'un tort matériel ou appréciable occasioné par ces fonctionnaires.

262. — XIV. Les propriétaires même à titre onéreux des bacs et passages d'eau ont été dépouillés de leur propriété, sauf indemnité. La fixation de l'indemnité a seule donné droit à un recours contentieux.

263. — XV. Le droit de propriétaire a reçu une atteinte grave dans la faculté qui a été accordée à l'administration active au premier chef de pouvoir interdire aux propriétaires de halles de vendre ou de louer ces halles à d'autres qu'aux communes.

264. — Je reproduis ici mon observation finale du pouvoir exécutif pur. Les actes de l'administration active au premier chef peuvent engager la responsabilité ministérielle. Les pétitions présentées aux chambres renvoyées aux ministres compétents suffisent quelquefois pour faire réparer certaines injustices involontaires.

265 — Quoique l'administration active au second chef soit une émanation du pouvoir exécutif, et que tous les actes ou décisions de cette administration soient placés sous la responsabilité des agens du pouvoir exécutif, il faut reconnaître que cette responsabilité n'est qu'une fiction. Aussi les chambres passent-elles presque toujours à l'ordre du jour, sur les pétitions qui s'élèvent contre les décisions des tribunaux administratifs. Cependant cette fiction deviendrait une réalité, si les agens du pouvoir exécutif ne s'opposaient pas, par un refus de sanction, à des arrêtés du conseil d'état en désaccord avec nos principes constitutionnels. C'est ainsi que tant d'autres fictions suffisent pour maintenir l'équilibre des pouvoirs.

CHAPITRE DEUXIÈME.

Administration active au second chef.

Observations générales.

266. — On a souvent répété que le *conten-tieux* était tout le droit administratif. On a eu raison en ce sens, que celui qui sait dans quels cas une matière est contentieuse, sait aussi fort bien dans quels cas elle ne l'est pas. On a eu tort si on a voulu laisser croire que, pour acqué-rir la science administrative, il ne fallait recher-cher et connaître que les cas dans lesquels est ouvert un recours contentieux.

267. — C'est en embrassant toutes les parties d'une science, c'est en en réunissant tous les élé-ments, en contrôlant chacune de ses parties les unes par les autres, qu'on peut espérer d'attein-dre le but auquel tendent tous mes efforts, faci-liter l'étude et la connaissance de cette science.

268. — J'ai examiné le pouvoir exécutif pur, ses limites, son action ; l'administration active au premier chef, son pouvoir, ses résultats. Il me reste donc, pour accomplir la tâche, sans doute au-dessus de mes forces, que j'ai entreprise, d'im-primer à l'administration active au second chef un caractère qui la rende sensible et complète-

ment distincte des deux premiers attributs du pouvoir exécutif.

269. — L'administration active au premier chef a froissé et lésé les *intérêts*. L'*intérêt* général a dû être préféré à des *intérêts* qui ne sont que des convenances plus ou moins sérieuses, plus ou moins importantes. L'intérêt public exigeait que dans certains cas, certains *droits* fussent mis sur la même ligne que les *intérêts ;* un déclassement légal a refoulé leurs justes plaintes. J'ai signalé ces exceptions.

270. — Mais l'administration active au second chef ne peut se mouvoir sans toucher des *droits* ou des *droits acquis.* Elle veut s'en emparer, ou simplement leur porter un préjudice grave ou minime. Alors naissent le contentieux et le recours devant les tribunaux administratifs.

271. — Pour déterminer les conditions constitutives de l'administration active au second chef, j'aurais pu me borner à faire l'application du mot *droit.*

Mais l'horizon s'agrandit. Les principes de ce chapitre doivent servir, à distinguer l'action administrative dans les deux hypothèses, le contentieux du gracieux administratif, et à faciliter l'intelligence des règles qui régissent la séparation des pouvoirs administratif et judiciaire.

Caractères et attributions de l'administration active au second chef, ou pouvoir contentieux.

SECTION Ire.

Intérêt spécial émanant de l'intérêt général, discuté, en contact avec un droit privé.

272. — Le caractère dominant et distinctif du contentieux administratif, se résume en cette proposition, *l'intérêt spécial émanant de l'intérêt général, discuté, en contact avec un droit privé.*

273 — Je fais de cette proposition une formule à l'aide de laquelle je devrai résoudre presque tous les cas de compétence administrative. Je dois considérer comme constante la nécessité d'un contentieux administratif, nécessité que j'ai cherché à prouver dans mon introduction. Je dois me demander quel est ce contentieux et à quels signes certains on peut et on doit le reconnaître.

274. — Mais avant d'appliquer *ma proposition*, qu'on me permettra désormais d'appeler *ma formule de compétence*, je dois en justifier les expressions les plus significatives. Je tiens à prouver, comme on l'a déjà vu, que les expressions dont se sert la langue administrative présentent une idée saine et claire.

275. — Je n'ai pas dit *droit spécial*, *émanant du droit général*, discuté, en contact avec un *droit privé*, parce que le mot *droit* fait naître l'idée du

contentieux, et qu'un droit spécial émanant d'un droit général peut être discuté sans qu'il y ait contentieux administratif.

276. — Je n'ai pas dit *droit spécial* émanant du *droit général*, parce que c'eût été détourner, sans nécessité, ces expressions de leur signification usuelle administrative. On parle toujours de l'*intérêt général* en opposition avec les intérêts ou les droits privés, mais jamais du *droit général*. Ces mots *droit général* pourraient même se confondre avec le *droit*, *science des lois*.

277. — Si j'ai dit *intérêt spécial*, c'est que j'avais à considérer un démembrement de l'intérêt général, et qu'une expression semblable, quoique moins étendue, devait exprimer la même pensée quoique limitée.

278. — Enfin, j'ai dit *intérêt général*, et *intérêt spécial*, parce que l'intérêt de tous forme le droit le plus positif et le plus impérieux le droit social; et que je n'aurais pas pu, lorsqu'il s'agit de la direction matérielle de la société, mettre en opposition ces mots *intérêt et droit*, qui ont une si grande portée, lorsqu'il ne s'agit que des individus pris isolément.

279. — Pour la société, l'*intérêt* c'est le *droit*, le *droit* c'est l'*intérêt*; pour l'individu, l'*intérêt* ce n'est *rien*, le *droit* c'est *tout*.

280. — Dans ma formule, j'emploie ces expressions *intérêt spécial émanant de l'intérêt général*,

parce que l'intérêt général seul, dans son abstraction généralisatrice, ne peut jamais se trouver *discuté avec un droit privé.* Le pouvoir législatif et le pouvoir exécutif pur règlent et dirigent cet intérêt général qui plane dans une sphère inaccessible aux réclamations individuelles.

281. — L'intérêt spécial existe, non pas seulement lorsqu'un acte spécial n'offrant qu'un intérêt de second ordre émanant de l'administration touche un droit privé, comme les *dommages temporaires, l'extraction de matériaux*, etc., etc., cas dans lesquels l'intérêt spécial se détache d'une manière sensible, mais aussi toutes les fois que l'administration, dans la seule vue de l'intérêt général, touche un droit privé. L'intérêt spécial est alors le cas spécial d'application de l'intérêt général blessant un droit privé. L'intérêt général s'individualise. Il reste intérêt général comme principe, il devient intérêt spécial comme application. Si j'ai ainsi développé la partie de ma formule s'appliquant à *l'intérêt spécial*, c'est pour faire bien comprendre que cette *spécialité* ne doit pas toujours être matérielle, et qu'elle peut quelquefois être seulement intellectuelle; mais il faut que l'action sur le droit privé émane de l'administration active et non du pouvoir législatif, ou du pouvoir exécutif pur.

282. — J'ai dit : DISCUTÉ, *en contact avec un droit privé*, parce que la discussion produit seule le *contentieux.* En matière civile, le consentement

réciproque donne lieu aux contrats; les procès
qui sont des discussions naissent du dissentiment.
En matière administrative, les mêmes causes produisent les mêmes effets. Du dissentiment naît la
discussion, de la discussion le contentieux.

283. — Si dans la vue d'un travail d'intérêt général, on a besoin pour un pont, pour une écluse,
de prendre mon sable, et que je consente à le
donner moyennant un prix fixé et payé préalablement, il n'y a pas de *contentieux* quoiqu'il
s'agisse d'un acte administratif touchant un droit
privé; mais si je *discute* le prix qui m'est offert et
que l'administration ne veuille pas céder, il y
a *contentieux*.

284. — Je ne comprends donc pas cette formule usitée dans la doctrine et qu'on lit si souvent
dans les livres; *matières qui, gracieuses, devien-
nent contentieuses par les réclamations.* Il n'y a ni
gracieux, ni *contentieux*, lorsque deux volontés
convergent vers un même but : *duorum in idem pla-
citum consensus.* C'est un contrat, ou civil ou administratif, ou bien c'est comme un contrat. Pierre
demande une autorisation, elle lui est accordée; on
pouvait la lui refuser, mais alors on aurait touché
son droit et il aurait discuté, il y aurait eu contentieux. Des opérations cadastrales sont ordonnées, elles se suivent avec une régularité et une
exactitude qui séduisent tous les contribuables; ils
n'élèvent aucunes réclamations, mais ils pouvaient
discuter le classement; il y aurait eu contentieux.

Inutile de multiplier ces citations dont l'analogie est facile à découvrir. Et l'on dira que dans ces diverses positions, *la matière gracieuse par elle-même est devenue contentieuse par les réclamations?* grave erreur, selon moi, car une matière est en soi *gracieuse* ou *contentieuse.* Mais de ce qu'une matière est essentiellement contentieuse en soi, il ne suit pas nécessairement qu'un procès éclatera et que les tribunaux devront juger, tandis que si une matière est gracieuse en soi, jamais la réclamation ne pourra la rendre contentieuse.

285. — Il faut distinguer les faits du principe et du droit.

286. — Pour qu'une matière soit contentieuse, il faut qu'on y rencontre tous les caractères du contentieux en supposant la discussion qui est le signe révélateur du contentieux.

287. — La matière au contraire est gracieuse, lorsque la discussion, en la supposant née, ne produit qu'une simple réclamation, sans recours devant les tribunaux administratifs.

288. — Je demande pardon de cette digression que j'aurais dû, peut-être, renvoyer à mes notes, et je reviens à ma formule.

289. — Restent à expliquer ces mots *un droit privé.* J'ai voulu parler d'un droit d'un particulier ou d'une personne morale, *département, commune, établissement public, association,* etc.

6

290. — Déjà dans mes observations générales, *suprà* p. 22, nᵒˢ 8 et suiv. j'ai cru nécessaire de frapper l'esprit du lecteur de la différence qui existe entre l'*intérêt* et le *droit*, différence que je considère comme un des principes les plus importants de la compétence administrative. Il est donc bien entendu que l'intérêt privé froissé ne produira pas le contentieux, mais qu'il faudra la violation d'un droit privé.

291. — Quelques développements sur le *droit privé*, considéré sous le point de vue administratif me paraissent nécessaires.

292. — Je subdivise le *droit* en
Droit *proprement dit*
Et *droits acquis*.
Le droit proprement dit,
En *droits inhérents à la qualité de propriétaire*,
Et *droits inhérents à la personne*.

§ I. *Droits inhérents à la qualité de propriétaire d'une chose mobilière ou immobilière.*

293. — Le droit de propriétaire est le droit le plus étendu qui existe. La loi romaine disait *jus utendi et abutendi ;* un célèbre procureur général a étendu cette pensée à la faculté de brûler sa chose. Le droit de propriétaire peut être défini, *jus utendi et abutendi, ædificandi,*

non œdificandi, fruendi, non fruendi ; le droit
d'user et d'abuser, de construire ou de ne pas
construire, de jouir ou de ne pas jouir. J'ai besoin d'une définition aussi large pour y comprendre
l'universalité des cas du contentieux administratif.
Ainsi, toute détérioration, tout amoindrissement
de ce droit absolu, toute prohibition d'user, de
jouir, tout dommage perpétuel ou temporaire,
accidentel ou volontaire, grave ou léger, doivent
être considérés comme une atteinte au droit.
L'acte administratif qui porte cette atteinte au
droit est contentieux.

294. — Je dois faire ici une précision nécessaire
à l'intelligence des règles de compétence administrative. Par cette définition du contentieux, je n'ai
pas voulu dire que l'administration pût, en
principe, enlever la qualité de propriétaire im-
mobilier en tout ou en partie. Le code civil et
la charte constitutionnelle sont maintenant en-
tendus en ce sens que l'autorité judiciaire seule
a le droit de priver un citoyen de ses immeubles, à moins qu'il ne s'agisse de *concessions
de mines,* ou de *desséchements de marais,* ou
d'alignements. Cette vérité constitutionnelle sera
féconde en résultats à mon titre *de la séparation
des pouvoirs.* Ce n'est donc qu'à la détérioration,
à l'amoindrissement, aux dommages, aux prohi-
bitions, en ce qui concerne les propriétés immobi-
lières, que s'appliquent mes principes, tandis que

toutes les propriétés mobilières, corporelles ou incorporelles, en subissent l'influence. Ainsi, resserrée dans ses véritables limites, ma définition du droit de propriété, peut être considérée comme type régulateur.

295. — Que si nous trouvons des cas spéciaux que la volonté révolutionnaire, ou la raison d'état aient soustrait aux véritables principes, ce sera un *déclassement*. Ainsi l'aura voulu la loi, je l'indiquerai. Ce ne sont pas les exceptions qui créent des difficultés; elles font au contraire ressortir de plus fort la vérité des principes.

§ II. — *Droits inhérents à la personne.*

296. — Les droits inhérents à la personne doivent être considérés sous ce double rapport: *droits personnels simples*, et *droits personnels politiques.*

I. *Droits personnels simples.*

297. — 1° Chacun a le droit de s'opposer à ce que sa personne soit intempestivement, ou illégalement soumise à la loi sur le recrutement. Si cette loi n'avait pas réservé au conseil de révision une juridiction souveraine, toute discussion serait contentieuse.

298. — 2° Lorsque les règlements exigent que pour exercer la profession de boulanger un certificat du maire soit présenté, le refus de ce certificat entrave l'exercice d'un droit personnel, et peut être déféré du maire au préfet, du préfet au ministre, et enfin, par recours contentieux au conseil d'état.

299. — A plus forte raison, le retrait de la permission, qui froisse simultanément un droit et un droit acquis, peut-il être attaqué par la voie contentieuse.

300. — 3° Les changements de noms, qui sont, en certains cas, de pures faveurs, peuvent, en certains cas aussi, produire le contentieux.

301. — 4° La loi oblige ceux qui voyagent à se munir d'un passeport; le refus d'accorder ce passeport équivaudrait à un emprisonnement dans l'enceinte d'une commune. Le droit personnel de locomotion, qui est un droit naturel, serait violé par ce refus. Le recours contentieux devrait être accueilli.

302. — 5° La loi modificative du code pénal a changé les règles de la surveillance de la haute police. L'arrêté ministériel qui, directement ou indirectement, ferait l'application de l'ancienne loi, apporterait, comme dans le cas précédent, des entraves illégales au droit de locomotion, restreint à la vérité; ces entraves pourraient être levées par un recours contentieux.

II. *Droits personnels politiques.*

3o3. — Ces droits, que chacun de nous considère comme aussi précieux que la liberté elle-
même, ont paru au législateur d'une si haute
importance, qu'il n'a pas cru trouver, dans plusieurs cas, une assez grande garantie dans les tribunaux administratifs, et qu'il a attribué aux
cours royales l'appel de quelques décisions du
préfet, ce qui offre une des anomalies les plus
saillantes de notre législation.

3o4. — Tout ce qui concerne les élections de
la garde nationale, les listes électorales pour les
élections municipales, départementales et législa-
latives, la validité ou la nullité des assemblées
électorales, forme le contentieux administratif en
cette matière. Certains cas spéciaux ont été dévolus aux tribunaux, comme nous le verrons *à notre
appendice aux juridictions.*

§ III. — *Droits acquis.*

3o5. — Les droits acquis résultent des actes
administratifs purement discrétionnaires. Ces actes, en eux-mêmes facultatifs, produisent souvent
un droit qui appartient à celui en faveur de qui

l'acte est intervenu. La rétractation de cet acte, sans motif légitime, renferme la violation d'un droit acquis; la discussion est alors contentieuse.

306. — Je diviserai les *droits acquis* en,

1° Droits honorifiques et lucratifs;

2° Droits purement honorifiques;

3° Droits personnels;

4° Droits réels.

307. — Je reconnais ce qu'il peut y avoir d'arbitraire dans cette division, parce que les droits honorifiques sont aussi des droits personnels, mais elle fait mieux ressortir ma pensée que tout autre locution. Notre langue n'est pas toujours assez riche pour offrir un mot nouveau et convenable à chacune de nos pensées.

I. *Droits honorifiques et lucratifs.*

308. — Ces droits sont attachés aux fonctions publiques inamovibles, comme celles qui sont exercées par les magistrats des cours et tribunaux judiciaires et de la cour des comptes, par les officiers de terre et de mer, par les professeurs des diverses facultés.

309. — Lorsque le pouvoir exécutif a enserré son droit absolu de nomination dans des conditions d'aptitude décisives, telles qu'un concours pour les chaires de droit, le refus de l'institution

ou l'annulation de la décision du juri sans motifs légaux, produisent la violation d'un droit acquis.

310. — Nous avons déjà décidé dans le même sens pour le refus des diplomes de capacité après les épreuves exigées par les lois et règlements, diplomes sans lesquels on ne peut pas exercer certaines professions lucratives.

II. *Droits purement honorifiques.*

311. — Être investi d'un honneur qu'on n'a pas obtenu par l'intrigue, est pour le citoyen une des plus nobles récompenses de sa conduite ou de ses travaux. Les fonctions ont souvent d'autant plus de prix qu'elles sont gratuites.

312. — Les conseillers municipaux ne peuvent pas, comme les maires, être révoqués. S'ils l'étaient, il y aurait plus que violation d'un droit acquis, il y aurait excès de pouvoir et par conséquent contentieux, comme nous l'établirons bientôt. Mais ils peuvent être déclarés démissionnaires s'ils manquent à trois convocations successives, sans motifs reconnus légitimes par le conseil municipal. Cette révocation est la privation d'un droit acquis. Quoique la loi soit muette, le conseiller municipal demandera justice au ministre de l'intérieur et pourra se pourvoir devant le conseil d'état contre la décision de ce ministre. Ce recours est d'autant

plus admissible, que rien dans la loi ne vient modaliser le droit exhorbitant de la révocation, et que le conseiller municipal absent par force majeure, peut avoir complètement ignoré l'espèce de procédure suivie contre lui.

313. — La perte des décorations reconnues par les lois est une peine que jamais n'a prononcée, ni ne prononcera le pouvoir exécutif. Je ne veux pas qu'on m'adresse le reproche de laisser mon imagination créer des espèces pour multiplier les cas de contentieux ; mais l'administration peut vouloir annuler le brevet sous tel ou tel prétexte, par tel ou tel motif. Après l'envoi du brevet et la prestation de serment, le droit est acquis; la rétractation doit faire naître une discussion contentieuse.

III. *Droits personnels.*

314. — 1° Ici revient naturellement la grave question des officiers ministériels; je l'ai déjà traitée avec tous les développements qu'elle mérite, *suprà* p. 18 n° 66 et dans mes notes. Je ne ferai que cette observation appropriée à la physionomie sous laquelle j'examine les *droits* en ce moment. Le législateur ayant dit aux officiers ministériels: donnez-moi une somme de.... dont je vous paierai l'intérêt à tel taux, et je vous concéderai le droit de présentation pour vous et vos *ayants-cause*,

il y a eu véritable contrat. Si le droit acquis résulte habituellement d'un simple acte administratif, émané souvent d'un agent inférieur, à combien plus forte raison ce droit acquis ne doit-il pas résulter d'une disposition législative qui, sans cette interprétation, est un non-sens et une déception?

315. — 2° Sous le rapport du traitement et des pensions, les fonctions même amovibles produisent des droits acquis.

316. — Le traitement est acquis à celui qui a exercé la fonction. Quoique destitué, il peut demander le portion échue : le même droit appartient à ses héritiers ou ayants-cause.

317. — Les lois déterminent les conditions d'aptitude à l'obtention d'une pension, pour le fonctionnaire et même pour sa veuve. Ces conditions une fois accomplies, la discussion du droit à la pension est contentieuse; elle porte sur un droit acquis.

318. — J'admets le recours contentieux contre la décision du ministre de la guerre qui autorise une retenue sur le traitement d'un mari militaire, au profit de sa femme et de ses enfants.

IV. *Droits réels.*

319. — Je n'entreprendrai pas de tracer la nomenclature de tous les cas dans lesquels un acte

administratif ne peut plus être rétracté, sans qu'un droit acquis réel ne soit blessé. Le principe en soi ne me paraît pas susceptible de difficulté et de controverse.

, 320. — Voici seulement quelques exemples qui vivifieront la règle.

1° Une usine a été autorisée sur un cours d'eau; un droit d'irrigation a été accordé pour un temps limité, à certaines conditions; une concession de mines a eu lieu au profit du propriétaire du sol inventeur de la mine, etc. Ces diverses concessions sont retirées ;

2° L'administration a usé de son droit de résiliation de marchés ou d'adjudication de travaux; une indemnité pour pertes éprouvées est refusée à l'adjudicataire ou à l'entrepreneur;

3° Un atelier insalubre de première classe est en pleine activité ; l'administration en ordonne la suppression ;

321. — Dans ces divers cas et autres semblables, la discussion porte sur des droits acquis, résultant d'actes administratifs ; cette discussion est contentieuse.

Section II.

Application de la formule, INTÉRÊT SPÉCIAL ÉMANANT DE L'INTÉRÊT GÉNÉRAL , DISCUTÉ, EN CONTACT AVEC UN DROIT PRIVÉ , *aux matières qui constituent nécessairement le contentieux administratif.*

322. — Toutes les fois *qu'un intérêt spécial émanant de l'intérêt général se trouve, discuté, en contact avec un droit privé,* il y a contentieux administratif.

323. — Qu'on me permette quelques observations qui suffiront, je l'espère, pour prouver que le contentieux administratif a son caractère propre, ses signes distinctifs, et se révèle à nous avec autant d'évidence que le contentieux civil, le contentieux commercial, ou le contentieux criminel.

324. — L'état doit être envisagé sous une double physionomie.

325. — PERSONNE MORALE , PROPRIÉTAIRE , il a ses bois, ses champs, ses maisons, comme les *départements*, les *communes*, les *établissements publics*, enfin comme le *simple propriétaire.* On dit *domaines de l'état, directeur des domaines, biens privés de l'état.* QUI TERRE A, GUERRE A, porte un vieux proverbe. L'état propriétaire est donc appelé à intenter des procès pour faire respecter ses droits

de propriétaire, ou à défendre à des actions injustement formées contre lui. Il est alors justiciable, comme le simple particulier, des tribunaux ordinaires, à moins d'un déclassement, expression d'une volonté législative contraire au principe.

326. — NATION, ROYAUME, UNITÉ NATIONALE, l'état a son armée, son trésor; il lui faut des recettes qui balancent ses dépenses; il fait exécuter de grands travaux; il veille à la sécurité et à la salubrité publiques, à la libre circulation sur toutes les voies publiques, à l'exercice des droit politiques, etc., etc.

327. — Ce n'est plus le simple propriétaire dont les droits privés peuvent se trouver en discussion avec l'intérêt général, c'est la personnification de l'intérêt public, c'est l'absorption des intérêts individuels, c'est la nation tout entière dont les grands intérêts sociaux se résument dans ce seul mot : *l'état*. *L'état c'est moi*, disait un roi, dont un des plus grands mérites à mes yeux, est d'avoir préparé l'unité administrative en fortifiant l'unité politique; je crois pouvoir dire, en 1840 : *l'état c'est nous*.

328. — Vouloir appliquer à l'état considéré sous ce point de vue élevé les maximes du droit civil, les entraves de la juridiction ordinaire, ce serait méconnaître les règles les plus vulgaires de la conservation de la société, ce serait pour chacun de nous, si porté à s'individualiser, si en-

de sa fortune à confectionner les travaux et a droit à en recevoir un juste équivalent, en faveur de ceux dont la propriété éprouve une détérioration quelconque, etc.

336. — Tous les caractères de ma formule se trouvent réunis; nul doute, selon moi, que les travaux publics ne doivent donner lieu au contentieux administratif.

§ II. — *Marchés publics.*

337. — Les marchés nécessaires à la subsistance des armées, en temps de guerre, se rattachent plus intimement encore à l'*intérêt général* que les travaux publics. Les fournitures pour les troupes, même en temps de paix, ou les marchés pour pouvoir exécuter les grands travaux, ne tiennent-ils pas aux intérêts de l'*état nous*, et non de l'*état propriétaire?* Les marchés et fournitures passés au nom de l'état par ses divers agents, offrent donc le premier, le plus essentiel caractère de ma formule, l'*intérêt général*.

338. — L'adjudication, l'exécution, l'interprétation des marchés et fournitures font naître l'*intérêt spécial*.

339. — La *discussion* s'élève entre l'état et les adjudicataires de marchés et fournitures, ou sur les indemnités qu'ils réclament après résiliation

forcée, ou sur la qualité des objets fournis, ou sur le paiement d'après le cahier des charges.

340. — Le *droit privé* est ici le même que pour les travaux publics. L'industrie d'un citoyen, son temps, ses capitaux engagés, tout cela constitue un droit qui ne peut pas être impunément froissé et qui doit ouvrir le recours contentieux.

§ III. — *Trésor public.*

341. — Les mots *trésor public*, en regard de ceux-ci : *banqueroute de l'état*, doivent faire ressortir d'une manière éblouissante l'intérêt général. Le trésor a sa personnalité publique dans le budget. C'est le grand livre où chacun contrôle l'action administrative exercée par un seul dans l'intérêt de tous. Si le trésor est vide, la marine est délabrée, les armées s'affaiblissent, les fonctionnaires se retirent, l'honneur national souffre, le commerce s'éteint, la tranquillité est troublée, le cratère des révolutions fume. Notre grande révolution a pris naissance dans le déficit. Si je me laissais emporter par le désir d'approfondir une matière aussi grave, que de réflexions historiques m'offrirait le mouvement du trésor public chez tous les peuples du monde !

342. — J'en ai dit assez pour établir l'*intérêt général* que je recherchais dans les questions concernant le trésor public. Je serai absolu : je déciderai que

tout ce qui de près ou de loin touche le trésor public, ses dépenses et ses recettes, rentre dans la règle dont la rigueur *devrait* être inflexible. Je dis, *devrait être*, car en matière d'*enregistrement*, *de douanes* et de *contributions indirectes*, le législateur a renvoyé la connaissance des contestations aux tribunaux civils ordinaires.

343. — Les recettes sont le produit des contributions directes, des emprunts, des rentes créés. Les dépenses ont pour objet le paiement des travaux, marchés et fournitures; les sommes dues pour indemnités de dommages occasionés par les travaux ou par des actes d'administration, les arrérages de rentes, les intérêts des emprunts, les traitements des fonctionnaires publics et les pensions.

344. — Ces recettes et ces dépenses offrent toujours au plus haut degré le caractère de l'intérêt général.

345. — *L'intérêt spécial* surgit, lorsqu'on descend dans les détails d'administration pour faire rentrer les recettes et pour liquider les paiements.

346. — Tout ce qui tient: 1º aux débats du trésor entre lui et ses comptables ; 2º à la quotité d'impôt à payer par tel individu; 3º à la constitution de telles rentes, au paiement de tels arrérages ou de tels intérêts; 4º au paiement des traitements, à la liquidation des pensions ; 5º à la

liquidation des sommes dues pour travaux, indemnités ou dommages; 6° au paiement des sommes
dues par les communes ou par l'ancienne liste civile
et mis par la loi à la charge de l'état, etc., etc.,
produit cet *intérêt spécial* émanant de l'*intérêt
général.*

347. — Ce qui concerne le trésor public se ré-
duit à des sommes payées ou refusées. Celui avec
qui l'état est en discussion refuse ou réclame le
paiement d'une somme quelconque. Il défend
dans tous les cas une partie de sa fortune mobilière. Le *droit privé* est donc attaqué. — Le recours contentieux est ouvert.

§ IV. — *Voirie, police, agriculture, commerce et industrie.*

348. — Les droits sont corrélatifs des devoirs,
en matière administrative comme en matière
civile.

349. — C'est au pouvoir exécutif à veiller à la
sécurité, à la salubrité, à l'ordre, aux intérêts
de l'agriculture, du commerce et de l'industrie.
Les lois lui en font la plus expresse obligation.

350. — La *voirie*, la *police*, l'*agriculture*, le
commerce et l'*industrie* tiennent donc à l'*intérêt
général.*

351. — L'intérêt spécial revêt mille nuances
diverses.

352. — 1º Il s'agit d'autoriser des établissements dont l'odeur, la fumée nuiraient à la salubrité, ou dont l'existence pourrait compromettre la sécurité publique; et même de retirer une concession, attendu l'insalubrité notoire; ou de prescrire le desséchement de marais qui répandent une odeur pestilentielle. L'entretien des travaux faits pour le desséchement de ces marais, nécessite une surveillance quotidienne. 2º Les routes, les canaux, les chemins de fer doivent être libres; les empêchements seraient nuisibles et au trésor et au public. 3º Le décor des villes et leur assainissement prescrivent à une administration sage et vigilante de déterminer les alignements; de créer de vastes places sur lesquelles on fera jaillir des gerbes d'eau si favorables à la circulation d'un air pur. 4º Il est utile de déclarer la vicinalité d'un chemin; l'autorité doit faire supporter une part d'entretien aux exploitations qui le dégradent. 5º Le prix du pain et de la viande, objets de première nécessité, ne peut pas être abandonné à la volonté exclusive des marchands. 6º Il devient nécessaire de fixer la hauteur de deversoirs, de digues, de barrages, ou de retirer des concessions d'usines qui menacent les pays voisins d'inondations continuelles. Il faut ordonner le curage des cours d'eau, prescrire des digues nouvelles et faire supporter à chaque riverain une part contributive de la dépense. 7º Une invention nouvelle ne peut procurer à l'inventeur un droit exclusif

qu'après l'obtention d'une ordonnance royale.
8° Avant la concession d'une mine, des travaux
préparatoires de recherches sont indispensables ;
dans l'acte de concession, il faut concilier les intérêts de l'inventeur et du propriétaire du sol ; en
certains cas, il est nécessaire de pourvoir à l'assèchement de la mine concédée, et même de retirer
la concession ; le partage de cette espèce particulière de propriété ne pourra se faire que sous les
yeux de l'autorité. 9° L'approvisionnement de la
capitale en bois de chauffage nécessite certaines
mesures particulières pour l'empilage des bois flot-
tés , etc., etc.

353. — Dans ces différentes positions administratives et bien d'autres que je pourrais signaler,
l'intérêt spécial émanant de l'intérêt général rencontre, à chaque acte, le froid égoïsme de l'individu qui ne comprend pas la nécessité d'un sacrifice particulier. La discussion s'engage.

354. — Un *droit privé* est-il violé ? Telle est la
dernière question à résoudre pour constater le
contentieux administratif;

355. — *Évidemment*, lorsque, voulant user de
mon droit absolu de propriétaire, je serai privé
de la faculté de construire *sur mon terrain* des
ateliers qu'on dit dangereux, insalubres ou incom-
modes, ou bien que je serai forcé de démolir ceux
que j'aurais construits à grands frais.

356. — *Évidemment*, lorsque, pour opérer un

desséchement, on s'empare de ma propriété, on en change la nature, on m'impose le paiement de certaines sommes pour entretien de travaux, etc., etc.;

357. — *Evidemment*, lorsqu'un procès-verbal m'impute une dégradation de route, de chemin de fer, de canal, etc., etc., et que je suis poursuivi pour être condamné à la réparation du dommage et à l'amende;

358. — *Evidemment*, lorsque l'alignement projeté me force d'abandonner une partie de mon terrain et consacre par avance une espèce d'expropriation, ou bien que de cet alignement il résulte pour moi la nécessité d'acheter une partie de terrain dont je n'avais pas besoin, ou bien enfin, que je me vois forcé de laisser ma maison tomber pierre par pierre sans pouvoir pratiquer le moindre travail confortatif;

359. — *Evidemment*, lorsque la déclaration de vicinalité tend à me priver de la jouissance de ma propriété, jusqu'à l'issue du procès que je dois intenter devant les tribunaux civils, ou que je suis obligé de payer une somme quelconque pour l'entretien d'un chemin vicinal;

360. — *Evidemment*, lorsqu'après avoir acheté un sac de blé trente francs, ou un bœuf cinq cents francs, je suis obligé de débiter mon blé à raison de vingt francs et mon bœuf à raison de quatre cents francs;

361. — *Evidemment*, lorsque les actes de fixation de hauteur de déversoirs, de digues, de barrages, ou le retrait de mes concessions d'usines, ayant pour prétexte le danger des inondations, détruisent des droits acquis par suite de conventions privées ou d'actes administratifs;

362. — *Evidemment*, lorsque pour réparer des digues ou curer des cours d'eau on exige de moi le paiement d'une somme, quelque minime qu'elle soit;

363. — *Evidemment*, lorsqu'on me refuse le brevet qui m'est indispensable pour exploiter mon industrie ou qu'on m'en déclare déchu, faute du paiement d'une somme fixée;

364. — *Evidemment*, lorsque les travaux et les recherches qui précèdent l'obtention d'une concession de mines se font sur mon terrain et m'occasionent un dommage; ou lorsque je m'oppose à une concession qui va me priver de ma propriété du dessous, ou que je veux débattre le montant de l'indemnité que la loi me permet au moins d'espérer, ou bien encore lorsque, concessionnaire, je suis forcé de me livrer à des travaux d'assèchement et qu'on me menace du retrait de ma concession ou de la vente de ma mine;

365 — *Evidemment*, enfin, lorsque le bois qui sert d'approvisionnement à la capitale est empilé sur mon terrain et m'occasione un dommage.

366. — Dans tous ces cas, le droit privé est

violé ; le recours contentieux est ouvert devant les tribunaux administratifs.

367. — Est-ce à dire pour cela que j'entraverai d'une manière définitive l'action administrative, et que ma résistance empêchera les refus d'autorisation, les concessions de mines, les taxes de pain et de viande, etc., etc? Non certainement, mais au moins je pourrai faire entendre publiquement mes moyens d'opposition aux mesures qui blessent mes droits et que paraît exiger l'intérêt général; j'obtiendrai la plus grande somme de garantie qui puisse être accordée en matière administrative.

§ V. — *Exercice des droits politiques.*

368. — L'exercice des droits politiques se rattache de la manière la plus intime à l'*intérêt général*, je dirai plus, à l'organisation sociale. Pour faciliter l'exercice de ces droits, le législateur confie au pouvoir exécutif le soin de préparer la tenue des assemblées électorales par la confection de plusieurs listes.

369. — L'inscription, ou la radiation font naître l'*intérêt spécial*.

370. — Un citoyen demande son inscription, conteste sa radiation ou s'oppose à l'inscription d'un prétendu électeur; voilà la *discussion*.

371. — Le *droit privé*, droit si précieux,

est trop évident pour qu'il puisse être mis en doute.

372. — Toute discussion concernant l'inscription, ou la radiation des citoyens sur les listes électorales donne lieu, dans les cas que la loi n'a pas attribués à l'autorité judiciaire, à un recours contentieux devant les tribunaux administratifs.

373. — L'exercice des fonctions publiques se rattache aux droits politiques d'une manière secondaire.

374. — J'ai expliqué à mon titre *du pouvoir exécutif pur* dans quels cas la destitution devait produire un recours contentieux.

SECTION III.

Des ordonnances royales intervenues sur demande de concessions, retrait de concessions et plans généraux d'alignements, etc. De leurs effets.

375. — J'ai cru nécessaire de consacrer un paragraphe particulier à cette nature importante d'actes administratifs, et de détacher de mes principes généraux quelques observations spéciales.

376. — En lisant les pages qui précèdent, on a vu que je classe dans le contentieux administratif les oppositions aux *concessions de mines*, *aux autorisations d'ateliers insalubres de première classe*, *aux ordonnances déterminant un plan général d'aligne-*

ment, etc., etc. Mais comment se produit cette opposition ? Dans quel délai doit-elle être présentée ? Quand n'est-elle plus recevable ? Telles sont les difficultés qui ont paru sérieuses à ceux qui n'ont pas subordonné ces matières exceptionelles aux principes généraux.

377. — Ce n'est pas ici le lieu de traiter de la forme de l'opposition.

378. — Je ne parlerai que du délai et de la recevabilité, positions qui se confondent en une seule.

379. — Je vais d'abord tâcher de bien préciser la question, puis j'essaierai de la résoudre. J'espère être assez heureux pour faire comprendre ma pensée.

380. — *Les ordonnances de concessions sont inattaquables par la voie contentieuse. Ce sont des actes d'administration active au premier chef. On ne peut prendre que la voie gracieuse de supplique au roi.*

381. — Telle est la doctrine qu'on a cherché à faire prévaloir. Voici mon sentiment :

382. — Les ordonnances de concession sont rendues en matière contentieuse, lorsqu'elles blessent des droits privés, ou lorsque la loi a ouvert la voie d'opposition.

383. — Elles ne peuvent être rendues qu'après l'accomplissement de formalités de publicité nom-

breuses et toutes de nature à avertir les personnes intéressées.

384. — Ces formalités une fois accomplies, sans
opposition, l'ordonnance est rendue sur l'avis du
conseil d'état. Cette ordonnance devient à l'instant
même inattaquable par quelle voie que ce soit.
Elle crée un droit acquis en faveur de celui qui
l'a obtenue, et ce droit ne pourrait lui être enlevé *par la voie contentieuse* qu'autant qu'il man-
querait à une des conditions qui lui ont été
imposées.

385. — Mais si une seule des formalités voulues n'a pas été accomplie, les tiers intéressés ont
le droit de frapper d'opposition l'ordonnance. Leur
opposition est un recours contentieux, d'abord
parce que la matière est contentieuse, ensuite
parce que cette opposition met en péril des droits
acquis.

386. — Ce n'est donc que le mode de procéder
qui est spécial. La matière est contentieuse ; dès
qu'il y a discussion, cette discussion est portée
devant les tribunaux administratifs.

387. — Pour repousser cette doctrine, vou-
drait-on s'étayer de l'obscurité du langage du
législateur, de ces mots, *sauf recours au gouvernement, pour être statué sur le rapport du ministre de l'intérieur*, et autres que j'ai signalés dans
mon introduction au § *du langage administratif?*
Je répondrais que ce défaut de précision dans les

termes des lois, ce vice de langage (qu'on me passe l'expression) du législateur, ne change nullement la nature de chaque matière gracieuse ou contentieuse, que pour un semblable déclassement, il ne faut pas seulement une volonté déguisée, mais une volonté formellement exprimée par le législateur lui-même; que les principes doivent contribuer précisément à faire disparaître les doutes qu'avait fait naître l'ambiguïté de certains termes de nos premières lois, et qu'enfin il n'y avait pas, avant 1831, un très grand intérêt à soulever le voile qui couvrait cette partie du droit administratif, parce que la différence entre le conseil d'état jugeant en matière contentieuse, ou le conseil d'état décidant en matière gracieuse, n'était pas assez tranchée pour que le débat doctrinal pût avoir une portée réelle, dans les cas où le conseil d'état était appelé à statuer en premier et en dernier ressort.

388. — Mais aujourd'hui que les matières contentieuses ont obtenu, du pouvoir exécutif, la garantie de la publicité et de la plaidoirie, la classification des matières qui donnent lieu aux ordonnances de concessions puise un immense intérêt dans cette nouvelle procédure.

389. — Qu'on ne pense pas qu'il soit si insolite, si bizarre, si extraordinaire de déclarer une matière contentieuse et de sacrifier des *droits* au silence gardé par la partie intéressée, après l'accomplissement de certaines formalités.

390. — Nos lois civiles nous offrent de nom-

breux exemples d'instructions produisant un semblable résultat.

391. — 1° Le code civil permet de s'opposer
au mariage dans certains cas ; c'est un droit important, quelquefois un devoir. Ce droit, ce devoir
expirent au moment de la célébration du mariage,
si les formalités préliminaires prescrites par le
législateur ont été fidèlement remplies.

392. — 2° L'adoption est permise. Il faut suivre
des formes. La publicité est une des conditions
essentielles. Les tiers intéressés peuvent, pendant
l'instruction, contester, notamment l'état moral
de l'adoptant ; mais l'adoption prononcée, après
l'accomplissement de toutes les formalités, est
irrévocable.

393. — 3° Une déclaration de faillite est chose
grave, et cependant c'est encore la publicité,
l'instruction qui servent d'appel aux parties intéressées ; elles ne peuvent plus former opposition,
lorsque certains délais sont expirés après que la
volonté de la loi a été observée.

394. — 4° Et la séparation de biens, dont les
effets sont si dangereux pour les créanciers, elle
sera inattaquable, si aucune des nombreuses précautions de publicité et de sincérité n'a été
omise.

395. — 5° Enfin, je me rapproche, dans une
dernière espèce, du droit administratif. Toutes les
formalités qui doivent précéder le jugement d'ex-

propriation ont été accomplies ; les individus expropriés ne peuvent plus critiquer ce jugement qui les dépouille, et lors duquel ils n'ont été appelés que par les affiches, les sons de la caisse ou de la trompe. Mais le jugement a été rendu ; l'expropriation est déclarée ; il faut veiller à la conservation d'autres droits non moins importants, ceux de créanciers ou d'héritiers inconnus, de vendeurs non payés, etc. C'est encore la publicité résultant d'affiches, d'insertions, de transcription, qui les mettra en demeure, et, si elle a été complète, leur présence aura été supposée ; les voies de recours leur seront interdites.

396. — Notre système hypothécaire repose tout entier sur le principe que je recherche en ce moment dans les lois civiles.

397. — Si j'ai multiplié les exemples, c'est pour mieux faire saisir cette vérité, que très souvent les résultats qui semblent iniques aux novateurs en matière administrative, sont acceptés depuis un demi siècle par tous les jurisconsultes.

398. — La raison de ces diverses dispositions législatives est la même que celle qui sert à résoudre les questions de concessions contentieuses par ordonnance. La voici :

399. — Les parties intéressées pouvaient n'être pas toutes connues, et par conséquent toutes appelées. Il fallait donc se servir de la voix publi-

que pour leur faire sommation. La publicité était le seul moyen possible pour atteindre le but ; et si les parties connues à qui on supposait le projet d'user de leurs droits, n'en avaient nullement l'intention, on s'exposait donc à des frais énormes, inutiles, et à des lenteurs incalculables.

400. — Faisant l'application de ces principes et de ces exemples aux ordonnances qui accordent des concessions ou qui déterminent un plan général d'alignement, je dirai : 1° que l'opposition est permise à tout individu devant être blessé dans ses droits par l'ordonnance qui doit intervenir, ou en faveur duquel le droit d'opposition a été ouvert, par une disposition spéciale ; 2° que cette opposition sera jugée en audience publique par le conseil d'état ; 3° qu'aucune opposition ne sera plus recevable, après l'accomplissement de toutes les formalités voulues par la loi, et la signature de l'ordonnance, le concessionnaire (si c'est une ordonnance de concession) se conformant aux conditions qui lui sont imposées.

401. — Des ordonnances de concessions sont rendues en matière de changement de noms, d'autorisation d'usines sur un cours d'eau, de mines, de dessèchements de marais, d'autorisation d'ateliers insalubres de première classe. Les plans généraux d'alignement sont arrêtés en conseil d'état, et définitivement adoptés par une ordonnance royale.

402. — C'est donc dans ces diverses matières et

autres de même nature que sont applicables les
précisions que j'ai cru devoir faire.

Quant aux ordonnances qui prononcent le retrait d'une concession, ou d'une autorisation
d'ateliers insalubres de première classe, qui changent la hauteur des déversoirs, digues ou barrages, elles peuvent être frappées d'opposition, si
la partie qui a un droit acquis n'est pas appelée
individuellement pour défendre ce droit qu'on
veut lui enlever.

SECTION IV.

Interprétation, explication et application des actes administratifs.

403. — Le principe de la séparation des deux
pouvoirs, administratif et judiciaire, est incontestable.

Le respect de la chose jugée émanant de l'un
de ces pouvoirs, par l'autre pouvoir, n'est plus
contesté en théorie. La pratique offre seulement
quelques difficultés dont je m'occuperai dans le
chapitre suivant.

Cependant, de nombreuses controverses se sont
élevées et divisent encore les meilleurs esprits sur
la compétence en matière d'interprétation et de
discussion d'un *acte administratif.*

A qui appartiendra la décision, lorsqu'il s'agira
de *concessions d'usines*, de *marais* ou de *mines*, de

ventes de biens de l'état, de baux de ces biens mobiliers ou immobiliers, d'actes intervenus entre les particuliers et l'administration, pour remplacer une expropriation, enfin des contrats communaux?

404. — Si nous ouvrons les auteurs, les recueils, nous sommes affligés de la confusion doctrinale qui règne dans l'examen de toutes ces questions dont la solution doit se rattacher à un principe unique.

405. — Ce principe tient encore à la philologie du droit administratif, dont j'ai si souvent parlé, et qui me paraît de la plus haute importance pour l'intelligence des aspérités de cette matière.

406. — Depuis un demi-siècle que le pouvoir administratif et le pouvoir judiciaire ont été séparés, dans les lois, dans les arrêts, dans les livres, que de fois les mots *acte administratif* ont-ils été employés sans qu'on se soit rendu un compte exact de leur valeur, de leur signification, de leur portée !

407. — Convaincu que la définition de ces deux mots doit précéder le développement de ma pensée sur l'interprétation des actes émanés de l'administration, je me suis demandé :

408. — Qu'est-ce qu'un *acte administratif?*
C'est un acte émanant du pouvoir qui administre. C'est un acte d'administration.

409. — J'ai déjà expliqué dans quels cas le pouvoir exécutif *gouverne*, dans quels cas il *admi-*

8

nistre. J'ai même dit dans quels cas ses agens ne représentent que des *droits privés*, lorsque l'état n'est engagé dans la discussion que comme propriétaire de meubles ou d'immeubles, corporels ou incorporels, et qu'il ne s'agit point de l'*état unité nationale*.

410. — Il y a donc une grande différence entre *gouverner*, *administrer* et *régir* des biens et des droits-particuliers. Qu'on comprenne cette différence et on se sera promptement rendu compte de ce que l'on doit entendre par ces mots *acte administratif*.

411. — Au pouvoir exécutif seul investi de l'administration active au premier et au second chef appartient le droit d'administrer, de faire des actes d'administration, de faire un *acte administratif*.

412. — Le dogme politique de la séparation des pouvoirs n'a été posé avec tant d'énergie par l'assemblée constituante que pour procurer au pouvoir exécutif une liberté complète d'action dans la direction administrative des intérêts généraux. Tout bon citoyen, qui veut une liberté grande et un pouvoir fort, comprendra qu'à ce principe se rattache la sécurité de tous. Le pouvoir judiciaire peut errer sans danger pour la chose publique; le moindre obstacle à l'action administrative peut entraîner une perturbation irréparable.

413. — Mais pour que ces lois empreintes d'une

pensée si élevée reçoivent leur exécution, pour
que ces mots, à qui elles ont imprimé un caractère d'inviolabilité, *acte administratif*, suffisent
pour dessaisir la justice ordinaire, la justice habituelle, la justice qu'on est accoutumé à regarder,
à tort sans doute, comme la seule et véritable
justice, il faut qu'il s'agisse d'un *acte d'administration* nécessité par un besoin d'intérêt général.

J'arrive à l'application.

414. — I. Un traité diplomatique est-il un *acte
administratif?*

415. — Non sans doute. C'est un acte de souveraineté émanant du pouvoir exécutif pur. Je le
place sur la même ligne qu'un acte législatif. Point
de discussions, point de recours, point de réclamations. J'ai développé cette pensée dans mon premier livre.

416. — D'un traité diplomatique résulte-t-il une
action contre le trésor de l'état? Cette action est
contentieuse, non pas à cause du traité, mais à
cause de la matière. Pour faire déclarer l'état débi-
teur, c'est à l'autorité administrative qu'on doit
s'adresser. Ici s'applique ma formule *de l'intérêt
spécial émanant de l'intérêt général discuté en contact avec un droit privé.*

417. — De ce traité, au contraire, résulte-t-il au
profit d'individus un droit auquel l'état se déclare

complètement étranger? Le débat ne porte pas sur
la validité du traité diplomatique. C'est un débat privé. Les tribunaux ordinaires sont seuls
compétents. S'arrêterait-on à cette circonstance
que l'état détenteur a mis en possession tel
individu plutôt que tel autre. Mais cette mise
en possession est un acte de pure forme, d'exécution, qui ne peut être considéré comme un acte
administratif, qui ne concerne nullement l'*administration*; c'est une remise domaniale à qui de
droit; c'est comme une ordonnance d'envoi en possession d'un légataire universel, ne préjugeant rien
sur la qualité de l'individu. Que si les prétendans
croient trouver dans le traité lui-même un droit
exclusif, rien n'est encore là administratif. Les
tribunaux appliqueront, il y a plus, interpréte-
ront le traité, qui est la loi, comme ils interpréte-
raient toute autre loi. C'est leur droit, c'est leur
devoir.

418. — II. *L'état est en cause.* Il s'agit de ses
bois, de ses domaines. Il faut les vendre, les
échanger, les louer, les partager.

419. — Habituellement (et dans beaucoup de
cas, des lois le veulent ainsi), ces ventes, ces
échanges, ces baux, sont faits par forme d'adjudication publique, devant un fonctionnaire de
l'ordre administratif.

420. — Ces actes d'adjudication, de ventes ou

de baux, ces contrats d'échange sont-ils des *actes administratifs?*

421. — Je n'hésite pas à répondre négativement, car l'intérêt général n'est nullement engagé. Il ne s'agit plus de l'état *unité nationale* dont le trésor par les voies et moyens du budget doit être constamment en mesure de faire face à toutes les éventualités. Le fonctionnaire a rempli les fonctions de notaire ; il a reçu un acte ordinaire, mais il n'a point fait un acte d'administration publique, ce n'est point un acte administratif.

422. — La nouvelle loi sur l'expropriation pour cause d'utilité publique nous offre plusieurs exemples de cette sorte d'actes. Aucun article de cette loi ne parle de la compétence; mais il n'est encore venu à la pensée de personne de vouloir attribuer à l'autorité administrative la connaissance des difficultés nombreuses auxquelles les actes postérieurs au jugement d'expropriation peuvent donner lieu, quoique la loi dise expressément que les contrats peuvent être passés *dans la forme des actes administratifs.* Voici comment celui qui a organisé notre droit administratif, celui-là surtout qui voulait que l'autorité judiciaire respectât jusqu'à l'ombre d'un *acte administratif* entendait cette question :

423. — « Si le propriétaire consentait à une ces-
» sion amiable, disait Napoléon, dans une note
» de Schœnbrunn, du 29 septembre 1809, et
» qu'on fût d'accord sur le prix, l'expropriation

» aurait lieu par un acte en forme ordinaire passé
» par-devant notaire, ou, si l'on veut, au secré-
» tariat de la préfecture et signé par le cessionnaire.
» *Cet acte, que l'on considère comme un acte*
» *ordinaire, serait justiciable des tribunaux.* »

424. — Ces actes sont donc des *actes reçus par*
un administrateur dans la forme des actes admi-
nistratifs, mais ce ne sont pas des *actes adminis-*
tratifs.

425. — Et cela, quoique l'état soit éminemment intéressé, puisqu'il s'agit de le rendre propriétaire, ou de le dépouiller de sa propriété.

426. — Que si l'on m'objectait que l'intérêt
général est toujours engagé, lorsque la contestation concerne l'état, et que toute contestation judiciaire se résumant en une perte, ou en un gain,
en définitive le trésor public éprouvera un avantage ou un déficit, ce qui devra rendre le litige
contentieux, d'après mes propres principes; je répondrai qu'alors toutes les questions de propriété
concernant les biens de l'état devraient être portées devant les tribunaux administratifs, ce qui
n'a jamais été soutenu et que les principes tels
que je les ai posés ne concernent jamais l'état
propriétaire.

427. — On oppose enfin le texte des lois qui
veulent que le *contentieux des domaines nationaux*
appartienne aux tribunaux administratifs.

428. — De ces lois on devrait aussi tirer la

conséquence que toutes les questions de propriété concernant les biens de l'état sont de la compétence de l'autorité administrative, puisqu'on veut comprendre tous les biens de l'état dans cette désignation *biens nationaux*, et que le contentieux relatif à ces biens a été attribué à la juridiction administrative. On n'ose pas aller jusques là.

429. — Mais ces lois de 1791 à 1802, relatives aux *biens nationaux*, sont des lois purement politiques dont les effets s'étendent, il est vrai, sur l'avenir et ne se bornent pas à l'existence des gouvernements qui les ont promulguées, mais dont l'application doit être restreinte aux objets qui les ont motivées. *La confiscation*, voilà l'origine ; *la vente des biens confisqués, la sécurité de ces ventes*, voilà l'objet ; *biens nationaux*, c'est la dénomination. L'état a donc et ses biens nationaux et ses biens patrimoniaux. La législation ancienne sera applicable aux biens nationaux, jusqu'à ce qu'elle ait été modifiée, mais je ne conçois pas qu'on veuille l'appliquer à la fortune patrimoniale de l'état.

430. — Du reste, à mon chapitre *du conseil de préfecture*, on verra dans quelles limites étroites je restreins le jugement du contentieux en matière de *biens nationaux*.

431. — Le pouvoir exécutif représentant l'état agit en trois qualités différentes : comme *gouvernement*, comme *administrateur* et comme *propriétaire*. Dans le premier cas, il fait un acte du

pouvoir exécutif pur, il gouverne ; dans le second,
il fait des *actes administratifs* ; mais lorsqu'il agit
comme propriétaire, lorsqu'il traite des biens qu'il
possède en cette qualité, il devient simple particulier, et les actes qu'il fait, quelles que soient
leurs formes, revêtent le caractère de *conventions
privées.*

432. — Le contentieux appartient alors exclusivement aux tribunaux civils.

433. — III. *Ce n'est plus l'état qui est en cause,
mais une commune, un établissement public. Les
actes intervenus seront-ils considérés comme des*
ACTES ADMINISTRATIFS ?

434. — J'ai toujours pensé que le contentieux
administratif appartenait à l'administration. Ce
principe a été considéré par moi, dans plusieurs
circonstances, comme une nécessité d'organisation
sociale. La raison qui m'a déterminé, je l'ai dite
déjà, je la répète : elle aidera la solution de la
proposition particulière dont je m'occupe ; *l'intérêt général de l'état doit pouvoir surmonter et
vaincre les obstacles de l'égoïsme privé.*

435. — A l'état seul je rattache l'intérêt général.

Les fractionnements du territoire composant
des personnes morales, telles que le département,
la commune, les établissements publics, nécessi-

tent une surveillance tutélaire de l'état, mais chacune de ces personnes morales ne peut revendiquer comme garantie une juridiction qui n'est réservée au pouvoir exécutif que pour faire respecter un principe éminemment conservateur.

436. — Autant j'ai puisé de force dans ma conviction, pour défendre l'ouvrage de l'assemblée constituante, pour demander le maintien de l'organisation administrative, telle que nous l'a léguée Napoléon, autant je me sentirais faible et désarmé, s'il fallait soutenir, en principe, que dans le contentieux administratif rentre nécessairement tout ce qui concerne la gestion des biens et des intérêts des départements, des communes et des établissements publics.

437. — Ces personnes morales possèdent des biens; elles en achètent; elles en vendent; elles passent des baux; elles font exécuter des travaux; elles consentent des marchés de fournitures. Ces diverses conventions privées, pour plus grande certitude d'une meilleure gestion, se font dans la *forme d'un acte administratif*, et même la plupart de ces conventions ne sont valables qu'autant qu'elles ont reçu l'homologation de l'autorité administrative supérieure; de même que le tuteur d'un mineur a besoin, dans certains cas, et de l'avis du conseil de famille, et de l'homologation du tribunal.

438. — Cette forme, ces homologations, chan-

gent-elles la nature de la convention privée? Impriment-elles à ces conventions le caractère *d'actes administratifs?* Ce serait alors l'accessoire qui entraînerait le principal. Au contraire, ce sont les *actes administratifs en la forme*, qui, au fond, ne sont que des actes de tutelle ordinaire.

439. · — On ne réfléchit pas assez à ce principe premier tiré de la nature même des actes administratifs; que l'acte protégé par les lois sur la séparation des pouvoirs ne puise pas sa qualification dans la qualité de la personne qui le reçoit, mais dans la nature de la matière qu'il concerne. Autrement, une foule d'actes judiciaires seraient des actes administratifs; autrement, les actes de l'état civil seraient des actes administratifs, etc., etc.

440. — Une seule difficulté est de nature à provoquer quelques explications particulières, celle concernant les *travaux relatifs aux églises, aux chemins, aux rues*, etc. Je l'examine à mon paragraphe DES CONVENTIONS PRIVÉES.

441. — On abuserait de l'opinion que je viens d'émettre en soutenant que les tribunaux sont compétents pour connaître des demandes d'alignement, du retard apporté par un maire dans la réponse à ces demandes, sous le prétexte qu'il s'agit des intérêts de la ville administrée par ce maire.

442.—Ici revient l'intérêt général dont la surveillance est confiée, en ce cas, au maire. Tout ce qui concerne la grande ou la petite voirie se rattache à cet intérêt général. Le maire est investi, par délégation, d'une partie du pouvoir exécutif, quelquefois même du pouvoir législatif pour les règlements de police. L'alignement ou le refus d'alignement, sont donc des *actes administratifs*.

443. — La conséquence rigoureuse des principes que j'ai posés doit être celle-ci : qu'il s'agisse de dol, de fraude, de lésion, de demande en rescision, de paiement de prix, d'obscurité de l'acte, enfin, de nullité de cet acte en la forme ou au fond, les tribunaux civils ordinaires seront compétents pour en connaître.

444. — IV. Les refus d'un maire, d'un percepteur, d'un directeur, de délivrer les extraits dont parlent les lois civiles ou électorales, seront-ils considérés comme des *actes administratifs* ne pouvant être appréciés que par l'autorité administrative ?

445. — Je commence par déclarer, pour que mon opinion ne paraisse pas de nature à compromettre le libre exercice du pouvoir exécutif, que jamais les fonctionnaires publics ne peuvent être forcés, avant qu'on ait obtenu une autorisation supérieure, à donner expédition ou communication

de pièces, documents, arrêtés émanés soit d'eux-
mêmes, soit de leurs supérieurs dans l'exercice de
leurs fonctions comme agents actifs de l'administration. L'administration ne peut être contrainte à
communiquer les archives des divers ministères,
des préfectures, sous-préfectures et mairies, en ce
qui concerne l'exercice du pouvoir exécutif pur et
de l'administration active.

446. — Mais il faut distinguer les cas où la loi
elle-même a constitué les fonctionnaires publics dépositaires, avec mission et obligation de donner
des extraits et des expéditions, du cas où la loi
ne contenant aucune injonction, les fonctionnaires
ont le droit de refuser, sauf, s'il y a abus, à demander l'autorisation de poursuivre, pour obtenir des dommages-intérêts.

447. — Dans le premier cas, les fonctionnaires ne
sont pas agents du gouvernement, en ce sens que
le gouvernement ait à leur donner tel ou tel ordre
et par conséquent doive les placer sous son égide
en refusant une autorisation demandée. La nécessité de l'autorisation a pour but de protéger les
fonctionnaires contre les vexations particulières que
leur susciterait l'exercice de leurs fonctions acti-
ves, par suite des dispositions des lois, ou des ordres de leurs supérieurs.

448. — On ne doit donc pas considérer comme
acte administratif le refus d'expédition ou d'extrait
fait, 1° par un maire, officier de l'état civil ou
dépositaire des délibérations du conseil municipal;

2º par le préfet, dépositaire des arrêtés du conseil de préfecture; 3º par un conservateur des hypothèques; 4º par les receveurs de l'enregistrement; 5º par les directeurs des contributions directes, dépositaires des rôles et pièces cadastrales indispensables à un contribuable qui veut présenter une réclamation; 6º par les percepteurs des contributions directes, forcés par la loi, moyennant un salaire déterminé, de délivrer extrait des rôles sur lesquels ils opèrent la rentrée des contributions; 7º par les dépositaires de minutes d'actes argués de faux, et forcés par la loi de procédure de communiquer ces minutes à la justice.

449. — V. Enfin, s'il est vrai de dire que les actes faits par les fonctionnaires publics dans l'exercice de leurs fonctions administratives, sont des *actes administratifs,* cependant, toutes les fois qu'il y a abus, excès, et par suite dommage, ces *actes administratifs* perdent leur caractère, et les tribunaux civils sont seuls compétents pour accorder les dommages intérêts. L'autorisation doit être demandée, pour que l'abus ou l'excès soient constatés, car il ne peut y avoir abus ou excès dans l'acte d'obéissance ou de nécessité administrative; mais dès que l'autorité supérieure a déclaré qu'elle n'avait pas autorisé le dommage causé, qu'elle en repousse la responsabilité, l'acte du fonctionnaire est un acte privé, ce n'est plus un *acte administratif.*

450. — En résumé, ce n'est pas avec timidité, pour ainsi dire transitoirement, que je reconnais au pouvoir exécutif le droit exclusif d'apprécier la validité des *actes administratifs;* je vais le prouver, de plus fort, en examinant les règles d'interprétation; mais il faut, avant tout, que ce soit véritablement un acte d'*administration.* Là où je reconnais la nécessité de la séparation des pouvoirs, là où je veux éviter tout empiètement du pouvoir judiciaire sur l'action administrative, je ressaisis la pensée de l'assemblée constituante; et les mots *acte administratif* m'offrent le signe de la compétence administrative.

451. — Les mots *acte administratif* étant bien compris, quelles peuvent être les principales difficultés d'*interprétation*, d'*explication* ou d'*application?*

452. — D'abord, gardons-nous de confondre les *actes administratifs* avec la *chose jugée administrativement ;* c'est un ordre d'idées tout différent ; j'ai consacré un chapitre particulier à cette partie délicate de la compétence administrative.

453. — Je n'ai à m'occuper que des *actes administratifs* dont l'*interprétation*, l'*explication* ou l'*application* produisent une discussion. Cette discussion peut-elle avoir lieu devant les tribunaux

civils, ou est-elle exclusivement réservée aux tribunaux administratifs?

454. — Le pouvoir judiciaire me paraît incompétent d'une manière absolue. Je n'admets point ce tempérament qui permet aux juges civils d'appliquer ou d'expliquer quand *l'acte administratif* leur paraît clair. Cet acte leur *paraît* clair, et peut-être paraîtrait-il fort obscur à l'autorité administrative? La clarté de l'acte n'est alors qu'un prétexte pour juger. Mais d'ailleurs, les lois qui règlent la séparation des pouvoirs, ont défendu aux juges civils de *connaître* des actes administratifs. Ces juges ne peuvent ni *confirmer*, ni *diminuer* l'autorité, la force, la teneur de ces actes. Ce n'est pas là un principe d'ordre public ordinaire, comme le renvoi qu'ordonne un tribunal de commerce en cas de dénégation d'écriture, le sursis prononcé par un tribunal civil après une inscription de faux, le renvoi à fins civiles sur une question de propriété, cas dans lesquels la jurisprudence et la doctrine ont pu accorder aux juges une espèce de pouvoir facultatif d'appréciation; c'est un principe d'organisation sociale qui tient à l'équilibre des pouvoirs, qui ne permet ni le doute, ni l'examen. Si on doute, qui tranchera ce doute? Si on examine, à qui appartiendra l'examen supérieur?

455. — Toutes les fois donc qu'un droit réclamé devant les tribunaux civils dérive d'un *acte administratif*, lorsque la validité intrinsèque ou

extrinsèque de cet acte, la valeur de ses expressions, sont contestées par une des parties, le sursis doit être prononcé, le débat doit être porté
devant l'autorité administrative compétente.

456. — Je répondrai à ceux qui verraient dans
mon opinion matière à discussions puériles de la
part de plaideurs de mauvaise foi, causes de lenteurs souvent fâcheuses, qu'il y a rarement des
principes d'ordre public qui, dans leur application,
n'offrent quelques inconvénients. Il est sans doute
inutile d'en citer, ils abondent...

457. — Ne serait-ce pas aussi un inconvénient
de changer en question de fait, ce qui doit être
une question de principe, de jeter les parties dans
une voie qui peut leur occasioner des frais énormes et n'aboutir à aucun résultat? Un tribunal
trouve très-clair un acte administratif; la cour
royale est de cet avis. La cour de cassation ne
partage l'opinion ni du tribunal, ni de la cour.
La cour de renvoi, au contraire, revient à l'opinion des magistrats dont la décision a été cassée.
Nouveau pourvoi et... Je ne continue pas la série de
la procédure; ce que j'ai dit doit suffire pour
prouver que, si le principe n'est pas posé et admis
dans toute sa sévérité, les plaideurs peuvent être
exposés à de bien fâcheuses incertitudes. Et qu'on
ne croie pas que je crée à plaisir une espèce chimé-
rique. Dans une affaire, sur laquelle j'ai consulté,
une cour royale avait déclaré très-clair (elle
avait mille fois raison, au fond), un acte admi-

nistratif que, dans un autre procès entre d'autres parties, un tribunal administratif avait déclaré très-clair dans le sens opposé. Malgré l'évidence du fait, la cour de cassation a cassé l'arrêt de la cour royale à cause d'une décision étrangère au procès qui lui était soumis. Après avoir parcouru plusieurs degrés de juridiction et avoir dépensé plus de trois mille francs en frais, les parties sont maintenant en instance devant le tribunal administratif à qui elles demandent une interprétation.

458. — C'est ainsi que toujours, et surtout en droit administratif, lorsqu'on ne se rattache pas aux principes, comme à une ancre de salut, les opinions flottent incertaines; et pour le plaideur le doute sur la juridiction est une véritable calamité.

459. — Ce n'est pas à dire pour cela que jamais les tribunaux ne pourront faire l'application d'un acte administratif dont l'existence, la validité et le sens seront reconnus par toutes les parties. C'est, au contraire, dans beaucoup d'espèces leur mission nécessaire.

460. — On doit comprendre maintenant combien il devait me paraître important de circonscrire l'expression *acte administratif* dans sa véritable signification. Car l'interprétation qu'est appelée à donner l'autorité administrative aura une très-grande portée, quelquefois même un effet rétroactif, si l'acte avait été entendu en tout autre sens. C'est seulement aux droits acquis résultant

9

d'actes administratifs faits dans un but et par suite de nécessité d'administration, que cette interprétation doit s'attacher. Toucher, sous prétexte d'interprétation, aux *droits* tels que je les ai définis dans un de mes précédens chapitres, serait un abus intolérable et inutile de l'action administrative.

461. — Le principe que j'ai posé est tellement absolu que je pourrais me dispenser de l'éclairer par des exemples. Je n'en présenterai que quelques-uns à l'attention de mes lecteurs. Que si nous trouvons dans les lois des dispositions formelles qui investissent le pouvoir judiciaire du droit d'apprécier, d'expliquer, d'interpréter tel acte administratif, nous n'aurons nullement à nous en préoccuper, ni à en tirer aucune conséquence. Le déclassement de matière est le vœu du législateur qui n'y a pas vu d'inconvénient. La théorie peut le blâmer, la doctrine pratique adopte la solution législative, comme exception. Ce brocard de palais : *point de principe sans exception*, reçoit ici son application.

462. — Voici quelques exemples :

463. — I. Des décrets et ordonnances ont fait la remise à des communes, à des fabriques, à des établissements publics, de telle et telle nature de biens. Pour ces personnes morales le droit à la propriété de ces biens découle des actes administratifs. L'explication et l'interprétation de ces actes appartient à l'autorité administrative.

464. — II. Un brevet d'invention est accordé par ordonnance royale sans garantie de bénéfice d'invention, si la découverte n'est pas nouvelle. Devant les tribunaux civils on conteste la nouveauté; il ne s'agit point d'interpréter l'ordonnance; les tribunaux civils sont compétents. Mais l'ordonnance n'est accordée qu'à la condition de payer une certaine somme dans tel délai. La question de savoir si la somme a été payée, si elle l'a été en temps utile, sera appréciée par l'administration.

465. — III. L'autorité administrative a seule le droit d'accorder des autorisations de constructions d'usines, de faire des règlements d'eau. Toute difficulté sur l'étendue de la concession, sur les termes des règlements doit lui être soumise.

466. — Il est également défendu aux tribunaux de s'opposer à l'exploitation d'une mine, ou de prononcer le retrait de la concession. Mais la loi offre ici un cas de déclassement quand elle permet aux tribunaux de juger les difficultés de délimitations qui s'élèvent entre des propriétaires de mines limitrophes.

467. — IV. J'ai déjà parlé de l'expropriation pour cause d'utilité publique. J'éprouve le besoin de combattre une opinion qui a fait de rapides progrès depuis deux années et qui me paraît contrarier essentiellement le principe de l'interprétation des actes administratifs.

468. — La procédure d'expropriation se divise en deux parties distinctes, dont l'une appartient à l'autorité administrative et l'autre à l'autorité judiciaire.

469. — Le pouvoir législatif et le pouvoir exécutif sont chargés de tout ce qui précède le jugement d'expropriation, même par la voie gracieuse, car la loi interdit le recours au conseil d'état contre un acte administratif qui offrait tous les caractères du contentieux.

470. — A dater de la requête présentée au tribunal, rien n'est plus administratif, tout est judiciaire, même les actes qui ont la semblance administrative, qui sont reçus dans la forme administrative.

471. — Il y eut un débat très-vif aux deux chambres lorsqu'il s'agit de fixer le pouvoir du juge à qui l'expropriation serait demandée. De nombreux orateurs, tels que MM. Mauguin, Baude, Teste, s'élevèrent avec énergie contre tout examen de l'instruction administrative qui ne devait, selon eux, appartenir qu'à l'autorité administrative. Ce qu'il y a de remarquable, c'est qu'ils invoquaient tous le principe de l'assemblée constituante. Mais à la Chambre des Pairs, les voix éloquentes des Portalis et des Tripier l'emportèrent. On accorda aux tribunaux le droit d'*examen*. On ne voulut pas qu'ils fussent réduits à homologuer purement et simplement l'instruction administrative. Ce fut donc une exception et une exception grave au

principe généralement admis même par les honorables pairs qui avaient insisté pour obtenir cette exception.

472. — Quel est ce droit d'examen, voilà le point de la difficulté? A-t-on voulu que le pouvoir judiciaire analysant chacun des actes du pouvoir administratif, en critiquât la forme et pût en prononcer l'annulation? Ainsi entendue l'exception serait fatale. Elle transporterait l'administration dans les tribunaux. Il y a plus, elle les investirait du droit exhorbitant d'annuler même un acte législatif. Les discussions qui ont eu lieu, les observations des commissaires du roi, démontrent, selon moi, jusqu'à l'évidence que telle n'a pas été la pensée du législateur.

473. — Le seul pouvoir accordé aux tribunaux est celui-ci : « la loi prescrit l'accomplissement de » telles et telles formalités administratives. Ont- » elles été remplies? *Oui ;* l'expropriation est pro- » noncée; *non ;* elle est refusée. »

474. — Mais que le tribunal puisse venir critiquer le mode d'action, la forme de l'acte, la composition des commissions, la validité de l'ordonnance royale, la capacité du fonctionnaire qui a remplacé le préfet par délégation, compter le nombre de boules qu'a obtenu une loi d'expropriation, écouter les sons de la trompe ou compter les coups de la caisse, apprécier les excuses du maire qui a été remplacé dans la commission par

un adjoint, etc., etc. ; je ne l'admettrai jamais, et j'ose même dire que cette doctrine est dangereuse.

475. — Je dois répondre à une objection qui ne m'a point paru sérieuse. Voici cette objection : « la » loi a exigé l'accomplissement de certaines forma- » lités, si ces formalités ne sont pas légalement ob- » servées, elles n'existent pas. »

476. — Je veux bien admettre pour un mo- ment cette doctrine allemande, que j'ai si souvent repoussée dans mes travaux sur la procédure, qu'un jugement nul d'une nullité substantielle sera considéré comme non existant; mais quel est le pouvoir qui pourra se permettre de déclarer que la nullité substantielle existe ?

477. — Dans quel article de la loi sur l'expro- priation trouve-t-on cette nouvelle règle subver- sive des règles reçues, admises, consacrées par une longue expérience ; qu'au pouvoir qui a fait un acte n'appartient plus le droit de le déclarer nul ou valable ?

478. — A-t-on donc voulu se jouer de l'autorité administrative en lui confiant le soin de faire tous les actes préparatoires, sauf à les faire annuler par l'autorité judiciaire ? Si on voulait renouveler cette anomalie si étrange de la loi sur les élec- tions, il fallait avoir le courage de le dire, en déclarant que l'appel de tous les actes administra- tifs serait porté à la cour royale, car il était au moins de bienséance que les actes des préfets et

des ministres ne fussent pas annulables par un
tribunal de première instance.

479. — On ne l'a pas dit, on n'a pas voulu le
dire et on a agi sagement.

480. — Si donc un des actes administratifs paraît à ceux qui sont compris dans l'extrait du préfet entaché de nullité, ils auront le droit de se
pourvoir devant le conseil d'état par voie contentieuse pour se plaindre d'un excès de pouvoir
administratif ; le tribunal aura aussi le droit de
surseoir à la demande d'expropriation sur le vu
du recours, et tout rentrera dans l'ordre ratio-
nel et légal des compétences ; et surtout, sera res-
pectée cette séparation des deux pouvoirs à laquelle on doit attacher tant d'importance.

481. — Il me reste une dernière observation à
faire pour compléter ce que j'avais à dire de l'interprétation des actes administratifs.

482. — Je ne pense pas que les tribunaux dans
une matière essentiellement judiciaire doivent s'arrêter devant l'existence d'un prétendu *acte administratif.* Ce n'est pas de sa forme, ce n'est pas du
titre de celui qui l'a reçu, mais c'est de la nature de
la matière elle-même que l'acte tire son nom d'*acte
administratif.* Lorsque cette matière est judiciaire,
qu'aucun article de loi ne l'a déclassée pour la
rendre contentieuse administrative, il ne peut
pas exister d'*acte administratif.* Un conflit est la

seule voie légale pour dessaisir l'autorité judiciaire.

483. — Comment en serait-il autrement, quand il est unanimement admis que les tribunaux judiciaires et même administratifs ont le droit de refuser l'application d'une ordonnance royale illégalement rendue?

SECTION V.

Déclassement de matières. — Matières gracieuses qui ont été déclarées contentieuses.

484. — Je réserve pour mon chapitre de la séparation des pouvoirs les matières qui ont été enlevées à l'autorité judiciaire. Je n'indiquerai ici que celles qui, de gracieuses, ont été déclarées contentieuses. Déjà, à la fin de mon chapitre de l'administration active au premier chef, j'ai parlé des diverses matières que le législateur avait dépouillées de leur caractère contentieux pour les rattacher au pouvoir gracieux.

485. — Ce ne sont plus des *droits privés, discutés, en contact avec un intérêt spécial émanant de l'intérêt général.* Ce sont des *intérêts* qui ont été élevés au rang de *droits* et auxquels on a accordé les mêmes garanties.

I. *Excès de pouvoir.*

486. — Je ne parle pas des *excès de pouvoir* en matière contentieuse (il est par trop évident qu'alors le recours contentieux ne peut être contesté), mais des *excès de pouvoir* en matière gracieuse. Le doute pouvait naître de ce qu'il semblait qu'il fallût s'en rapporter aux agents supérieurs de l'administration active, et au chef du pouvoir exécutif lui-même, au Roi, du soin de renfermer chaque autorité dans les limites qui lui sont tracées par les lois, ordonnances ou règlements ; mais l'importance des règles de compétence a prévalu. Les intérêts débattus devant l'administration active au premier chef, sont assez graves, pour qu'au moins la partie intéressée soit autorisée à faire entendre publiquement ses plaintes contre le fonctionnaire qui a rejeté ses réclamations au mépris des formes ou qui a usurpé le droit de les apprécier. Ainsi, tout excès de pouvoir peut être attaqué par recours contentieux devant le conseil d'état.

487. — Je citerai, entre mille espèces que l'action administrative peut faire naître, les premières qui se présentent à mon esprit.

1° Je demande au préfet une remise de contributions pour ravages de grêle ou d'inondation. Le préfet me renvoie devant le conseil de préfecture, attendu que ma demande est, selon lui, contentieuse ;

2° Le conseil de préfecture, saisi d'une demande en remise, la décide comme tribunal administratif;

3° Le préfet annule une délibération d'un conseil municipal réglant *légalement* le mode d'administration des biens communaux;

4° Un préfet prend un arrêté de police municipale;

5° Un conseil général détermine la direction d'un chemin vicinal de grande communication, sans avoir pris préalablement l'avis des conseils municipaux des communes qui doivent contribuer à la construction et à l'entretien de ce chemin;

6° Une ordonnance royale qui devait être rendue dans la forme des règlements d'administration publique, a été rendue sans que le conseil d'état ait donné son avis.

488. — Le recours contentieux est admis contre ces divers actes entachés d'excès de pouvoir ou d'illégalité.

II. *Saillies, balcons, etc.*

489. — Personne n'a droit, sans la permission de l'autorité administrative, à avancer sur la rue des saillies, des balcons, des étendoirs de dégraissage. Le domaine public des routes, chemins, rues et canaux, comprend la propriété du dessus

et du dessous, comme tout autre domaine, et cependant (à Paris seulement) les tribunaux administratifs ont été déclarés compétents pour connaître du refus d'autorisation de l'administration
active au premier chef. Un recours contentieux a
été ouvert.

III. *Ateliers insalubres.*

490. — J'ai dit comment le refus d'autoriser
l'établissement d'un atelier insalubre, dangereux,
ou incommode, touchant au droit absolu de propriété, constituait un acte de l'administration active au second chef; mais ce que l'intérêt général
peut exiger, l'intérêt particulier est sans mission
pour le demander. Ainsi, je suis maître absolu de
ma chose, pourvu que je ne vous occasione pas
un *dommage matériel.* En établissant un commerce
auprès du vôtre, en vous faisant une concurrence
étendue, je vous porterai un préjudice réel, mais
ce ne sera pas un dommage matériel, et vous ne
pourrez m'intenter aucune action restrictive de
mon droit. Ainsi le veut le principe de la liberté
illimitée de l'industrie.

491. — Les voisins de celui qui se propose d'élever un atelier insalubre, dangereux, ou incommode, quoiqu'ils aient souvent un intérêt immense
à s'opposer à un voisinage aussi malencontreux,
ne pourraient pas trouver une voie d'action dans
les principes de compétence administrative, parce

que l'acte du fabricant industriel ne touche pas un *droit*. Cependant, le législateur a compris que c'était le cas d'assimiler l'*intérêt* au *droit*, et les voisins sont admis à porter leur recours devant les tribunaux administratifs.

TITRE TROISIÈME.

SÉPARATION DES POUVOIRS ADMINISTRATIF ET JUDICIAIRE.

Observations générales.

492. — La séparation des pouvoirs est, à mes yeux, un dogme constitutionnel d'un ordre aussi élevé que la liberté individuelle et les principes d'égalité. Il ne suffit pas d'être libres et égaux; il faut que le pouvoir qui nous représente tous, qui surveille les actions individuelles dans l'intérêt de tous, soit fort, énergique et libre, aussi lui, dans ses mouvements, dans son action.

493. — L'autorité administrative et l'autorité judiciaire ont une sphère d'action toute différente; je ne répéterai pas ici ce que j'ai dit dans mon introduction, pour démontrer que l'ordre social serait menacé d'un bouleversement, le jour où l'un des pouvoirs, dans son mouvement de gravitation, heurterait l'autre pouvoir. Je prends le principe

comme démontré, acquis à la science, et je vais en tirer les conséquences.

494. — Chacune des compétences judiciaire ou administrative étant déterminée par des lois ou par la nature des matières, les limites de l'une doivent arrêter l'action de l'autre. Si l'immixtion des deux compétences est le signe précurseur d'un trouble dans l'organisation sociale, j'oserai dire que ces limites sont infranchissables.

495. — De ce principe absolu et d'ordre public, je déduirai trois conséquences très rigoureuses :

496. — *La première*, que lorsqu'une contestation de la compétence exclusive de l'un des pouvoirs est portée devant l'autre pouvoir, celui-ci doit refuser d'en connaître et renvoyer, même d'office, les parties devant l'autorité compétente.

497. — *La seconde*, que tout incident qui naît devant une des autorités, à l'occasion d'une contestation dont elle est saisie, doit être renvoyé à l'instant même à l'autre autorité, si cet incident est de la compétence de cette dernière; c'est ce que j'appellerai la *divisibilité de compétence*.

498. — *La troisième*, qu'il n'est permis à aucune autorité ni aux particuliers de troubler, ni de modifier l'économie de ces compétences, qui se rattache à l'équilibre de la société. J'expliquerai ce principe sous la rubrique, *dérogation à l'ordre des juridictions*.

499. — Je dirai quelques mots d'un préalalable

imposé, dans certains cas, aux particuliers qui veulent intenter une action contre l'état.

I. *Renvoi pour incompétence.*

5oo. — L'incompétence de chacune des autorités est matérielle, d'ordre public ; j'ajouterai, pour être plus énergique, d'*incompatibilité.*

5o1. — Lors donc que l'autorité administrative ou l'autorité judiciaire sont saisies d'une contestation qui sort des limites de leur compétence respective, elles doivent se dessaisir et renvoyer les parties à se pourvoir devant qui de droit.

5o2. — Il importe peu que les parties demandent ou non ce renvoi. Consentiraient-elles à être jugées par l'autorité incompétente? celle-ci n'en doit pas moins refuser, d'office, de connaître de la contestation.

5o3 — Le renvoi devrait aussi être prononcé, lors même que le pouvoir, véritablement compétent, aurait déjà déclaré son incompétence.

5o4. — Ainsi :

1° Un particulier intente devant les tribunaux civils une action en indemnité contre un entrepreneur de travaux publics, à raison de l'extraction de matériaux opérée dans son champ, conformément au devis. Le tribunal saisi de cette demande doit, sur la demande de l'une des parties, ou d'office, se déclarer incompétent.

2° Une commune se prétend propriétaire de droits d'usage dans les bois d'un particulier. Elle s'adresse à l'autorité administrative pour faire reconnaître l'existence de ces droits d'usage; l'autorité administrative est tenue de renvoyer les parties devant les tribunaux civils, la contestation étant purement judiciaire, etc., etc.

II. *Divisibilité de compétence.*

5o5. — Du principe déjà posé que l'incompétence de chacune des autorités est matérielle et d'ordre public, il suit encore qu'aucun évènement ou incident ne peuvent étendre ou modifier leur compétence, et l'attribuer *momentanément*, ni *accidentellement* de l'une à l'autre autorité.

5o6. — Lorsqu'une contestation judiciaire fait naître un incident du domaine du pouvoir administratif, l'instruction est arrêtée, non pas que l'autorité judiciaire doive se dessaisir, mais elle doit surseoir. La règle est la même pour les incidents dans les contestations administratives.

5o7. — Il y a d'autres cas dans lesquels chacun des pouvoirs peut rendre sa décision sans toucher ni préjuger la question sur laquelle il lui est défendu de prononcer; alors il décide, et sa décision n'est jamais préjudicielle pour l'autre pouvoir. Chacun est resté dans sa sphère. Au chapitre *du respect de la chose jugée par l'une ou par l'autre autorité*, je donnerai à cette position

SPÉCIMEN

DE

L'ENSEMBLE DE L'OUVRAGE.

L'OUVRAGE COMPLET COMPRENDRA :

I. Une INTRODUCTION historique et critique contenant un paragraphe spécial sur les vices du langage administratif.

II. Une PREMIÈRE PARTIE consacrée,

1° Aux principes de compétence;

2° Aux diverses juridictions administratives, gracieuses et contentieuses.

Voici le sommaire de l'introduction, et de cette première partie.

SOMMAIRE DE L'INTRODUCTION.

I. Réflexions préliminaires.
II. De la séparation des pouvoirs administratif et judiciaire.
III. De la constitutionnalité et de la légalité des tribunaux administratifs.
IV. De la nécessité de la juridiction administrative.
V. Examen des propositons de loi sur le conseil d'état, soumises aux chambres depuis 1830.
VI. Du langage administratif.
VII. Législation administrative.
VIII. Jurisprudence administrative.
IX. Plan de l'ouvrage et motifs de ce plan.

LIVRE DEUXIÈME.

JURIDICTION.

Observations préliminaires sur la juridiction.

III. Une seconde partie, dans laquelle l'auteur a cité et examiné toutes les lois, ordonnances et arrêts du conseil d'état et les opinions d'auteurs sur les questions de compétence et de juridiction.

Voici quelques unes *des principales questions traitées dans cette seconde partie et un spécimen des notes qui offriront le tableau de la législation, de la jurisprudence du conseil et de l'opinion de tous les auteurs.*

Questions.

1º Les préfets peuvent-ils faire directement, ou après avis donné au maire, les règlements de police municipale ?

2º Dans quels cas les difficultés d'exécution des traités diplomatiques peuvent-elles donner lieu à une discussion contentieuse ?

3º Toute discussion contentieuse est-elle interdite en cas d'extradition demandée ou refusée, ou en cas d'expulsion d'un étranger ?

4º Après la nomination d'un fonctionnaire public, peut-il y avoir refus d'installation dans le corps au sein duquel est appelé le citoyen nommé ?

5º Lorsqu'il y a eu installation, la nomination peut-elle être critiquée par un individu ayant intérêt à faire tomber l'acte auquel a coopéré le fonctionnaire dont on attaque la nomination comme illégale ?

6º Le refus de nommer le candidat présenté par un officier ministériel, peut-il donner lieu à un recours contentieux devant le conseil d'état ?

7º Les officiers ministériels peuvent-ils être destitués ?

8º Depuis les lois du 18 juillet 1837 et 10 mai 1838, les actes de tutelle préfectoraux, ministériels ou par ordonnance royale ne peuvent-ils donner lieu à aucun recours ?

9º Un tiers peut-il se pourvoir par le recours contentieux contre la décision ministérielle qui refuse d'insérer au budget d'une commune, d'un département ou de l'état, le montant de sa créance ?

10º L'appréciation des dommages causés à une propriété particulière par des travaux publics légalement autorisés, rentre-t-elle dans le contentieux administratif, ou bien dans la compétence judiciaire ?

11º Lorsqu'il y a dépossession d'une propriété immobilière dans un cas de force majeure et sans expropriation préalable, l'indemnité due au propriétaire dépossédé doit-elle être fixée par les tribunaux administratifs, ou bien par le jury d'expropriation ?

12° Le contentieux relatif aux travaux communaux appartient-il à l'administration ou aux tribunaux ?

Quid des conventions privées qui interviennent entre des particuliers et des départements, communes ou établissements publics, pour adjudications, marchés ou fournitures.

13° A quel pouvoir appartiennent les discussions sur la validité, sur les effets et sur l'exécution des baux administratifs ?

14° Lorsque la négligence ou l'impéritie de l'autorité administrative occasionent un préjudice réel à un individu, celui-ci peut-il réclamer des dommages contre l'état, contre un département, contre une commune ?

En cas d'affirmative, quelle est l'autorité appelée à les apprécier ?

15° A qui appartient la compétence en matière de contraventions relatives aux chemins vicinaux ? Est-ce aux tribunaux ? Est-ce à l'autorité administrative ?

16° Le pouvoir exécutif peut-il créer des commissions spéciales pour juger certaines contestations. En cas d'affirmative, cette faculté de délégation est-elle restreinte au premier degré de juridiction ?

. . . .
. . . .

Notes.

§ II... — *Faveurs et gratifications.*

13°. (1)

MM. DE CORMENIN. {4° édit. v° *pensions*, T. 3, pag. 373.
5° édit. v° *pensions*, T. 2, pag. 386 et appendice.
V° *pensions*, p. 100.

FOUCART. — T. 2, p. 201, n° 222.

DE GÉRANDO. — T. 1. CCLXXV et suiv., pag. 329.

LERAT DE MAGNITOT ET HUARD DE LAMARRE. — V° *pensions*, T. 2, pag. 339.

CHEVALIER. — V° *pensions*, T. 2, pag. 210 et SUPPLÉMENT.
V° *pensions*, pag. 121.

Ces principes s'appliquent :
1° Aux pensions des magistrats.
Cons. d'état..17 juillet 1822. — Moreau.
  Idem. 16 décembre 1835. — Barrière de Labenne.
  Idem. 6 décembre 1820. — Anfrye.
2° Aux pensions des ministres du culte catholique.
Cons. d'état. 13 août 1823. — Martin
3° Aux pensions militaires et de la marine.
  8 janvier 1836. — Barjon, C. le min. de la guerre.

(1) Ce numéro correspond au numéro des principes.

4° Aux pensions des anciens officiers des armées royales.
Cons. d'état. 6 juin 1850. — Delaroche-Poucié.
5° Aux pensions des divers fonctionnaires de l'ordre administratif.
Cons d'état. 29 février 1822. — Paris.
6° Aux pensions des employés de diverses administrations publiques.
Cons d'état. 20 juin 1821. — Vives.
    Idem.   7 mars 1821. — Ducros.
    Idem.   8 août 1854. — Bordet.
    Idem.   26 mars 1823. — Dame Bryère, C. le min. des fin.
    Idem.   21 novembre 1859. — Finot, C. le min. des financ.
    Idem.   21 avril 1856. — Mozard aîné, C. le min. des fin.
    Idem.   23 mars 1856. — héritiers Duval, C. le min. des fin.
7° Aux pensions des membres de la cour des comptes.
Cons. d'état. 8 mai 1822. — Goblet de Beaulieux, C. le min.
des finances.
8° Aux pensions des veuves des fonctionnaires et employés civils ou militaires.
Cons. d'état. 26 mars 1823. — d'Amécourt.
    Idem.   17 juin 1820. — Gratterÿ, veuve Thiebault.

Voir le n° 317 ci-après.

Voir aussi les nombreux arrêts du conseil d'état qui reconnaissent implicitement l'admissibilité du recours contentieux, en statuant, au fond, sur les réclamations relatives aux liquidations faites par les ministres.

. . . .

IV. Une TROISIÈME PARTIE, dans laquelle l'auteur reproduit ses principes de compétence et de juridiction sous la forme alphabétique des matières, avec un simple renvoi aux pages et aux numéros de l'ouvrage.

Spécimen d'un des mots de cette partie.

EAUX.

Sect. I. — COMPÉTENCE.

Dans cette matière, l'une des plus usuelles et des plus importantes du droit administratif, la décision appartient à l'autorité administrative, ou à l'autorité judiciaire.

§ Ier — Compétence administrative.

Les espèces soumises à la compétence administrative, présentent tantôt le *caractère de matières gracieuses*, tantôt le *caractère de matières contentieuses.*

x

I. *Compétence gracieuse.*

Elle embrasse :

1º Les concessions de moulins ou usines sur les cours d'eau navigables ou non navigables. Iʳᵉ part., p. . . nº . . IIᵐᵉ part., p. . . nº . . . (1).

2º Les concessions de prise d'eau sur les rivières navigables. Iʳᵉ part. p. . . nº . . IIᵐᵉ part., p. . . nº . .

3º Les règlements d'eau sur les rivières non navigables ni flottables, quand aucun droit n'a été acquis par convention ou par prescription. Iʳᵉ part., p. . . nº . . IIᵐᵉ part., p. . . nº . . .

II. *Déclassement du contentieux en gracieux.*

On doit considérer comme déclassement du contentieux en gracieux :

1º Les règlements d'eau sur les rivières non navigables, lorsque des droits ont été acquis par suite de conventions privées ou par la possession. Iʳᵉ part., p. . . nº . . IIᵐᵉ part., p. . . nº . .

2º Le curage des rivières non navigables ni flottables. Iʳᵉ part., p. . . nº . . IIᵐᵉ part., p. . . nº . .

3º La déclaration de navigabilité, qui prive les riverains des droits de pêche et les convertit en une simple indemnité. Iʳᵉ part., p. . . nº . . IIᵐᵉ part., p. . . nº . .

III. *Compétence contentieuse.*

Elle embrasse :

1º L'interprétation des titres de concession sur les rivières navigables ou flottables. Cette interprétation touche alors un droit acquis. Iʳᵉ part., p. . . nº . . IIᵐᵉ part., p. . . nº . .

Il en est de même pour les rivières non navigables ni flottables, s'il y a doute, obscurité ou insuffisance dans les termes de l'acte. Iʳᵉ part., p. . . nº . . IIᵐᵉ part., p. . . nº . .

2º Le retrait de concessions de moulins ou usines pour grands dangers d'inondation (comme pour les ateliers insalubres de 1ʳᵉ classe qui présentent des dangers). Iʳᵉ part., p. . . nº . . . IIᵐᵉ part., p. . . nº . .

Ou pour inexécution des conditions imposées, que la rivière soit navigable ou non navigable. Iʳᵉ part., p. . . nº . . . IIᵐᵉ part., p. . . nº . . .

3º Les nouvelles fixations de hauteurs de déversoirs, de digues, de barrages, etc. Iʳᵉ part., p . . nº . . IIᵐᵉ part., p. . . nº . .

4º L'opposition à des concessions de moulins ou usines (comme pour les ateliers insalubres de 1ʳᵉ classe), de la part d'usiniers dont les droits pourraient être blessés par la concession. Iʳᵉ part., p. . . nº . . IIᵐᵉ part., p. . . nº . .

(1) On ne pouvait pas indiquer, dans ce spécimen, les pages et les nºˢ, parce que l'ouvrage n'est pas complètement imprimé.

Mais l'opposition doit être formée avant l'ordonnance de concession, car après que l'ordonnance a été rendue, et que toutes les formalités ont été accomplies, il n'y a plus d'opposition possible. Ire part., p. . . n°. . IIme part., p. . . n°.

Cependant on peut toujours, même après l'ordonnance, intenter toute action judiciaire relative aux dommages causés par l'existence de l'usine, ou à la violation des conventions privées intervenues entre les parties. Ire part., p. . . n°. . IIme part., p. . . n°. .

5° Toute difficulté sur la répartition des impôts ou dépenses pour entretien de digues, curage, réparations des cours d'eau navigables ou non navigables. Ire part., p. . . n°. . IIme part, p. . . n°. .

§ II. — COMPÉTENCE JUDICIAIRE.

Elle comprend :

I. *En premier lieu*, toutes les questions :

1° De conventions privées. Ire part, p. . . n°. . IIme part., p. . . n°. .

2° De droits résultant de la possession. Ire part., p. . . n°. . IIme part., p. . . n°. .

3° De dommages réels, matériels. Ire part. p. . . . n°. . . IIme part., p. . . n°. .

4° De règlements d'eau (conformément à l'art. 645 du code civil), en l'absence de tout règlement administratif. Ire part, p. . . n°. . IIme part., p. . . n°. .

Les tribunaux doivent respecter l'acte administratif, s'il en existe un, mais, par le fait, ils peuvent le rendre inutile, par exemple, en ordonnant la destruction d'un barrage construit sur la propriété d'autrui, ou le paiement d'une somme par jour, tant qu'existera l'usine, si elle occasione un dommage réel et continu. Il en est de même pour les ateliers insalubres. Ire part., p. . n°. . IIme part., p. . . n°. .

II. *En second lieu*, la répression des infractions aux règlements des eaux, et aux défenses de constructions d'usines sur les cours d'eau non navigables ni flottables. Ire part., p. . n°. . IIme part., p. . n°. .

SECT. II. — JURIDICTION.

La juridiction administrative est gracieuse ou contentieuse.

§ I. — JURIDICTION GRACIEUSE.

Elle s'exerce par le Roi, sur l'avis du conseil d'état, après instruction faite par le préfet et le ministre.

La juridiction du Roi, sur l'avis du conseil d'état, embrasse :

1° Les concessions de moulins et usines sur les cours d'eau navigables ou non navigables. Ire part., p. . . n°. . . IIme part., p. . . n°. .

2° Les concessions de prises d'eau sur les rivières navigables ou flottables. Ire part., p. . . n°. . IIme part, p. . . n°. .

3° Les règlements d'eau sur les rivières non navigables ni flottables. Ire part., p. . . n°. . IIme part, p. . . n°. .

§ II. — Juridiction contentieuse.

La juridiction contentieuse est exercée, 1° par le conseil d'état ; 2° par le conseil de préfecture.

I. Conseil d'état.

De là, qu'en cette matière, tout émane en définitive du pouvoir royal, il suit que le conseil d'état est appelé à connaître, après instruction du préfet et du ministre :

1° De l'interprétation des ordonnances de concession ou de règlement d'eau. Ire part., p. . . n°. . IIme part., p. . . n°. . .

2° Du retrait des concessions. Ire part., p. . . n° . . IIme part., p. . . n° . . .

3° De l'opposition aux concessions. Ire part., p. . . n° . . IIme part, . . n° . .

II. Conseil de préfecture.

Le conseil de préfecture prononce :

1° Sur les difficultés relatives à la répartition et au paiement des taxes pour l'entretien, le curage et les réparations des cours d'eau, parce que ce sont là des espèces de contributions. Ire part, p. . . n°. . IIme part, p. . . n° . .

2° Sur la répression des contraventions de grande voirie, commises sur les cours d'eau navigables ou flottables ; il prononce la destruction des usines construites sans autorisation, et les amendes encourues. Ire part., p. . . n° . . IIme part., p. . . n° . .

. . . .

V. 1° Une table chronologique des lois, ordonnances et arrêts ; 2° une table alphabétique des noms des parties qui ont figuré dans les ordonnances et arrêts ; 3° une table alphabétique des matières.

L'auteur a désiré réunir, dans son introduction et dans les diverses parties de son livre, la critique, la théorie et la pratique....

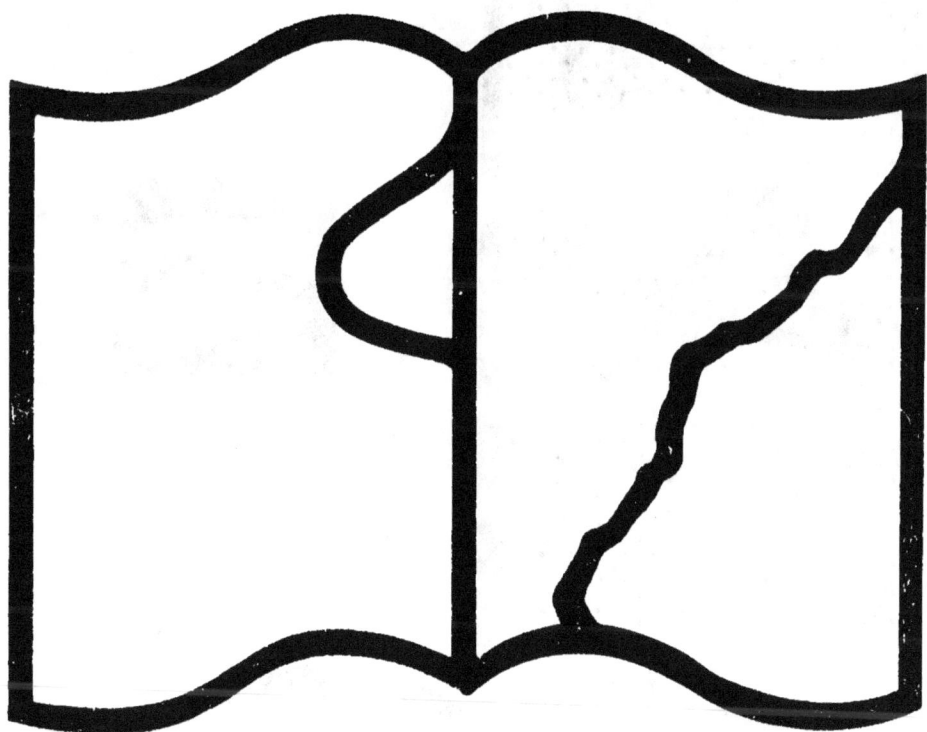

Texte détérioré — reliure défectueuse

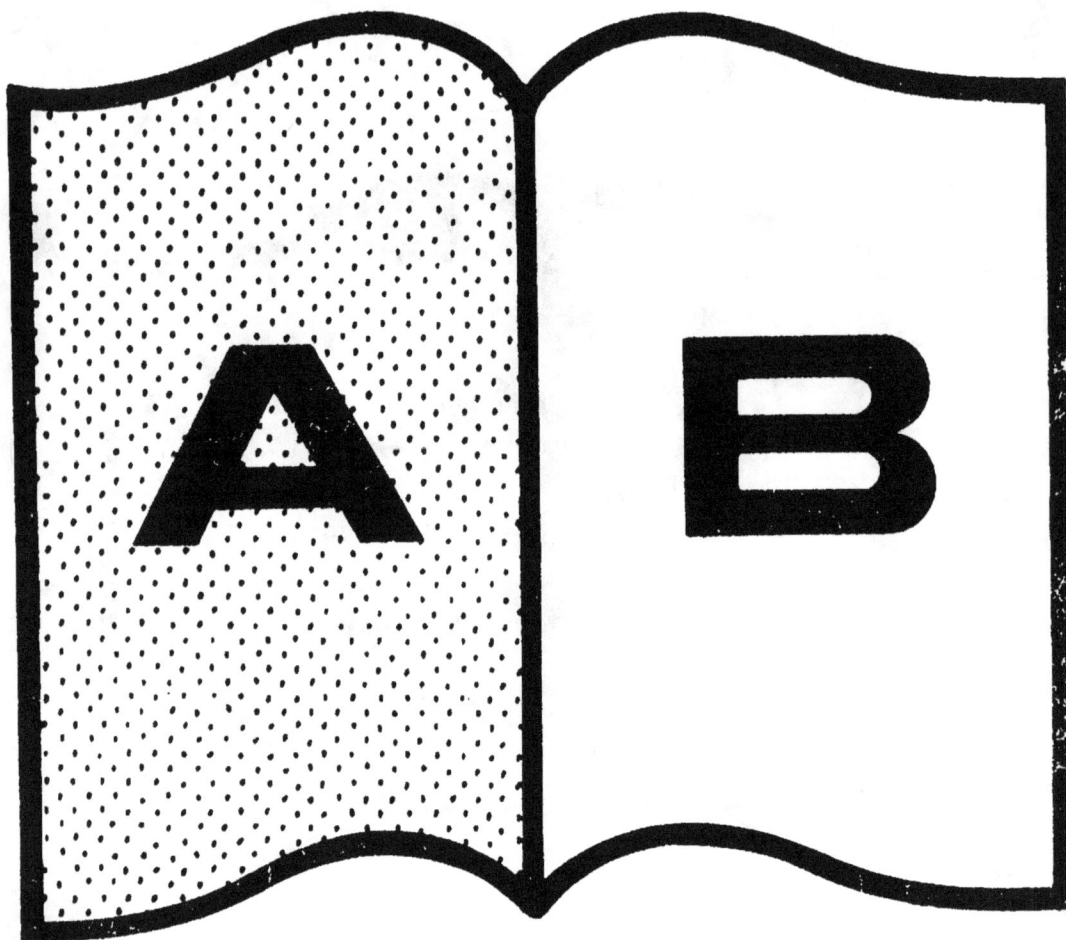

Contraste insuffisant

NF Z 43-120-14